基于学科核心素养的中学口述历史教学研究

——一所高中的学生口述史

张雪亚 主编

南京大学出版社

图书在版编目(CIP)数据

基于学科核心素养的中学口述历史教学研究 ：一所高中的学生口述史 / 张雪亚主编. -- 南京 ：南京大学出版社，2021.6

ISBN 978-7-305-24574-9

Ⅰ. ①基… Ⅱ. ①张… Ⅲ. ①中学历史课—教学研究 Ⅳ. ①G633.512

中国版本图书馆 CIP 数据核字(2021)第 102271 号

出版发行 南京大学出版社
社　　址 南京市汉口路 22 号　　邮　编 210093
出 版 人 金鑫荣

书　　名 **基于学科核心素养的中学口述历史教学研究**
——一所高中的学生口述史
主　　编 张雪亚
责任编辑 还　星　　编辑热线 025-83593052

照　　排 南京南琳图文制作有限公司
印　　刷 江苏苏中印刷有限公司
开　　本 880×1230　1/32　印张 5.75　字数 195 千
版　　次 2021 年 6 月第 1 版　2021 年 6 月第 1 次印刷
ISBN 978-7-305-24574-9
定　　价 30.00 元

网址：http://www.njupco.com
官方微博：http://weibo.com/njupco
官方微信号：njupress
销售咨询热线：(025) 83594756

编委会名单

序

中学生如何做口述史

江苏省锡山高级中学是一所百年名校，始创于1907年，至今已有114年的历史，同时也是新课程新教材国家级示范校。我校开设“中学生做口述史”校本课程已有十个年头。

教育部于2020年最新修订的普通高中国家课程方案明确规定，校本课程应不少于14个学分。其中，除了在必修和选择性必修基础上设计的学科拓展、提高类课程，类似于口述历史这样的校本课程应不少于8个学分，这为我们的课程的开设提供了依据和保障。

我校开设校本课程的时间比较早，可以追溯到20个世纪80年代，曾被誉为“大陆校本课程的摇篮”。江苏省校本课程研究所也落户于此，由唐江澎校长领衔。其实，我们在百年前的匡校时期就有了类似的课程，持续的探索和不断的总结推动着学校校本课程的发展和完善。

我最早接触到口述史是在十年前，当时《我的抗战》正在热播。我记得崔永元先生说过：“不到一年的时间，这些抗战老兵没了一半……”我当时很受触动，想到作为一名中学历史老师，能不能带着学生做些什么来挽救这些即将逝去的人和事。我在南京师范大学时接触过“抗战老兵口述史”项目，后来在华东师范大学读研时，我的导师也鼓励我做这一块，于是我便开始开设口述史校本课程，边学、边教、边研究。

2014年，我在毕业论文的基础上编写了中学生做口述史教材——《大家来做口述史》，借用了唐纳德·里奇教授的书名，因为我对此有着同样的期待。教材主要介绍口述史的理论和实践操作流程，在每一课之后都设置了相应的题目，以及实践过程中需要用到的一些表格、协议书、评价表等，还配有资源链接和优秀学生案例。做口述史，“入门易，做好难”。这本小册子既是教材，也是学生的成长记录袋，可以用来引导、规范和评价学生的口述史实践。2017年，我们整理并出版了学生作品集《一所高中的学生“史记”》，在省锡中博物馆设立“口述史专题展区”，并成功申报了省级课题。

2019年，随着学校4.0新课程方案的实施，我们的课程也升级为研创式大任务课程。在收集、整理口述史料的基础上，我们需要进一步分析研究并形成相关论文。这是一个新的挑战，我们也在不断摸索中。新冠肺炎疫情爆发以后，课程班学生自发倡议并开展“抗疫记录”，采访了50余位亲历者，整理出多篇文稿，并拍摄了疫情期间的很多实物证据，比如出门证、通行证、防疫设备、捐赠证书等，汇集成作品集《抗疫中的“你我他”》。2020年，在原有“听爷爷奶奶讲故事”项目的基础上，我们开展了“无锡乡镇企业(苏南模式)口述史”“省锡中群像口述史”“抗美援朝老兵口述史”等新项目。

我们很多项目的完成需要一个较长的周期，因为一期学生的学习时间是一个学期到一个学年，每周两节课，要完成系统的口述史学习和实践，时间并不充裕，所以我们一个项目可能会做几年，以积累更多的样本。这倒不是大问题，对于中学生来说，能完成一个样本已属不易，也很有意义，在过程中的收获也更为珍贵。

我们在定项目的时候也会选择一些常做常新的内容。这样做有几个好处：一是同一个项目采访的对象多了，我们能积累更多的样本。二是做熟悉的内容，师生比较得心应手。三是可以在学生间形成以老带新和经验共享的模式。比如“听爷爷奶奶讲故事”这个项目已经做了十年，每年都有新的学生加入，每年也有新的故事可以挖掘。考虑到采访的时间、出行和联络等成本，我们也在策划“一座颐养院的故事”“一所老年大学的故事”“无锡非物质文化一条街”等项目。

2020年8月份，我们创立了“中学生做口述史”微信公众号，用来展示学生的作品、记录活动的过程、介绍学术动态，目前已完成了50多篇原创推送。我们也建立了“中学生做口述史”微信专业社群，以增进交流和推动课程建设，吸引了一批来自全国各地的口述史同道。在信息时代，这是一个宣传和交流的窗口，希望更多的人能够了解我们，关注我们，加入我们。

下面我以课程纲要为载体，谈谈我们的校本课程是怎样开设的。一般来说，一个学期的课程有 32 个课时，主要在高一和高二年级开设，这样连续开一个学年就有 64 个课时，可以多做一些事情。

在中学，我们提倡“知识与能力、过程与方法、情感态度与价值观的三维目标”，这里采取“融合式三维目标”，将课程目标设定为以下四点。一，通过学习口述历史理论，阅读口述历史著作，观看口述历史视频，学生能形成对口述历史的初步感知。二，通过模拟课题的形式，学生能熟悉口述历史的操作流程和操作规范，进而将其运用到后续的课题实践中去。三，通过口述历史课题的实践，学生能掌握并运用口述历史的研究方法，提升历史学科的核心素养，锻炼合作探究、语言表达、分析调查、信息技术等各项综合能力。四，通过触摸活生生的历史，学生能感知时代的脉搏，理解个人与时代的互动关系，陶冶家国情怀，提升历史使命感和社会责任感。通过口述历史课程的学习，我们希望能在学生的心中埋下一颗历史的种子，不管他们以后是否从事历史相关工作，这颗种子都能生根发芽。而口述历史课程具有跨学科的特点，几乎涵盖了全部的社会科学，我们也希望通过口述史课程的学习，能为对人文专业感兴趣以及将来有意向选择人文专业的中学生提供一个体验和锻炼的平台。

在课程目标的导引下，我们将课程内容分为以下四个单元。第一单元学习口述历史理论，学生通过阅读教材和相关文献资料，观看视频和口述访谈节目，运用线上线下资源收集整理相关资料，并与同学分享交流成果，形成对口述史的初步感知。第二单元熟悉口述历史的基本流程，学生以小组为单位，选择身边的同学作为采访对象，拟定一个主题。比如高一的学生可以选择“我的军训生活”“我的体育节”“我的初高中生活比较”等适切的话题，模拟做口述史的过程，再一同总结经验教训和注意事项，为后续的课题实践奠基。第三单元完成口述历史课题，学生选择一个研究课题，以小组合作的方式完成课题研究，这个过程以学生为主体，老师给予适当的指导和帮助。第四单元展示口述历史成果，由学生展示成果、分享体验，并完成课程评价。

最终我们会从学习态度、学习过程和学习成果三个方面来评价学生是否达成课程目标。为了体现学习的有效性，我们在设计课程纲要时有一个基本原则，就是“目标导引教学、评价促进学习、实现教学评的一体化”。

对于中学生做口述史课程，我们也有几点体会。首先，课程的成长得益于学校、教师和学生的共同努力。学校搭建平台、教师专业成长、师生教学相长，三者相辅相成。其次，关于围绕课程的教师团队建设，我们组建了三人核心小组，负责课程的开发和日常教学，同时历史组的其他老师也一起指导学生的历史写作。第三是课程资源的开发和时间的合理安排，我们会去图书馆、博物馆、档案馆、网络中心查找资料，从学校厚重的校史、无锡地区丰富的历史人文资源以及亲朋好友中挖掘身边的历史，并请高校老师和口述史专家指导教学，与信息技术组、微电影校本课程等进行跨学科合作。

由于做口述史需要大量的时间和精力，我们一方面指导学生小组合作，合理分工，减轻负担；另一方面指导学生利用口述史社团、寒暑假社会实践活动等时间来完善课题。我们也在尝试数字时代口述史的转型，比如通过网络采访获得口述史料。现在我们的预访基本为线上采访，这样可以减轻高中生外出的困难。

这次的口述史作品集汇编了我校2018年以来优秀学生的成果，尤以高品质高中子项目——“追寻乡贤踪迹：中国乡镇工业发源地口述史研究”的成果为重，尽管这些作品稍显稚嫩，也仍有很多不足，但作品集的出版是对我们莫大的鼓舞，也更坚定了我们走下去的信心。我在此要感谢学校和历史组同事的大力支持，感谢刘波老师和徐沂老师的细心审核，感谢课程班全体师生的共同努力，感谢我的导师华东师范大学李月琴教授、南京大学周晓虹教授、宁波大学钱茂伟教授、江苏省口述历史研究会李继峰会长和郭彬副会长、无锡市教科院黄树生博士等专家的悉心指导，以及来自全国各地口述史同道的共同坚守。

十年的实践，我最想说的是：不忘初心，方得始终。中学生做口述史诚然有很多困难，学生的作品也有很多不成熟的地方，但方法总比困难多，只要我们坚持去做，学生会给我们很多惊喜和感动。让我们一起努力，为推广中学生做口述史尽一份绵薄之力！

张雪亚

2021年5月4日

目　录

第一篇章

乡镇企业的“惠山故事”

创业艰难百战多，而今迈步从头越

——访苏嘉集团前董事长龚海涛先生

口述人：龚海涛

整理人：尤依琳　张　云

【导读】 在改革开放的年代里，苏嘉集团两代掌门人——龚海涛、龚育才父子带领苏嘉人看准时机、抓住机会，历经三十多年的砥砺前行，将昔日的乡镇企业镁钛砖厂发展为涉足制造业、服务业、文化产业的多元化产业集团。苏嘉集团是无锡乡镇企业勇立时代潮头的生动缩影。

■历史纪实

宝剑锋从磨砺出

我（龚海涛）出生于1949年，经历过艰苦奋斗的时期，也见证了国家欣欣向荣的发展历程。我们企业的发展就像国家发展的缩影，也是从无到有，从小到大，从艰苦到卓越。

说到企业的发展，不能不说创业的艰难，说到创业的艰难，就不能不说那段艰苦的岁月。正是因为那段艰苦岁月的磨砺，我们才有了创业的动力和勇气。

我的家乡在现在的惠山区钱桥镇南西漳村。家里兄弟姐妹共有六人，我排行老二。小时候，我们生活很艰苦，最困难的时候，家里没有吃的，兄弟姐妹几个经常轮流舔勺子上留下来的一点米汤。后来，我们可以拿种子，自己去田里种一点东西了：高粱、小米、红薯还有玉米。20世纪60年代种“双季稻”的时候，我小小年纪担任了“农忙队长”。在三十四五摄氏度的高温下，我怕把仅有的两件衬衫穿坏，就光着膀子在田里干活，全身上下除了牙齿、眼白是白的，其他地方都像水牛一样黑。我当时最大的愿望，就是能吃上一碗干稀饭。

我虽然过得很清贫，但是人穷志不短。父母从小就教导我要勤劳朴实、宽厚待人，我都记在心里。后来我进入村里的五金厂干活。当时厂里有几个从上海退下来的老师傅，他们有很高的技术水平，帮厂里升级改造各种设备，还会自己设计制作小车床。我就跟着他们学习，东摸摸、西摸摸，铸件、车工、钳工、电焊、淬火，什么都学，就这样积累了不少技术。

五金厂搞得不错，也赚钱，被乡里看上后和另一个厂合并，成为钱桥农机厂的丝攻车间。我担任车间主任，生产、技术、管理都要抓，不懂就看书，或者问老师傅，把车间管理得井井有条。厂里原有的产品——“丝攻板牙”不畅销后，我们又搞了一个“气门芯扳手”，但是这个产品需要纳入汽车配件地方产品目录才可以生产销售。我和当时的厂长不顾白天黑夜积极争取、层层攻关，终于用真诚感动了相关人员，获得了生产销售的权利。我们又成立了收发室，检验每道工序，实施奖罚制，提高工人的质量意识，产品终于通过了质量关。

1982 年，我得了肝炎，只得申请调到轻松一点的岗位。领导知道我是做事干练、认真的人，就把我调到了农机厂下面的钢窗车间做仓库保管员兼出纳。后来，顾仁泉来当厂长，把钢窗车间变成了钢窗厂。我在丝攻车间的时候，他的哥哥曾经到无锡来学习取经，当时是我陪同介绍的。原材料、生产过程、质量控制，每一道工序，我都介绍得很详细，所以他的哥哥对我印象很深刻，极力向顾厂长推荐我。我对顾厂长说：“要我做可以，但是我只做一年。”于是我成为钢窗厂的“聘用厂长”，这也是县里的“首创”，我的工资比厂长、书记都高。在这一年中，我狠抓质量管理，在无锡三家比较大的钢窗厂中，我们厂生产的产品质量最好。

之后，我在乡里的化纤厂抓过一段时间的管理，化纤厂正常生产后，我选择了退出。之后，同时有三个厂请我当副厂长，一个是建筑公司，一个是制革厂，还有一个是轻质耐火材料厂。我心里是这样想的：我不懂建筑，制革厂污染严重，还是去轻质耐火材料厂吧。

梅花香自苦寒来

1984 年，我来到了轻质耐火材料厂，进去一看，就傻眼了。那个厂很破，连厕所都没有，厂里的生产管理更是一塌糊涂，工人每天工作到下午两点就下班了。我心想，这样下去哪里能行？一定要改革啊！我当时正好接触到镁钛砖，觉得它蛮好的。它是一种消耗品，钢铁厂必须要用这种能接触高温钢水的材料。我们国家已经开始生产这种产品了，但是没有推向市场。有人说洛阳有个耐火材料研究院，是专门研究这种产品的。我知道后立马上门请教，奔赴洛阳“取经”。研究院的院长很热心，指派了一个胡世平专家帮我们一起做研究开发。胡世平是研究院的副总工程师、全国劳模，她带了四个人的团队来无锡和我们一起开发镁钛砖。

当时厂里并没有压机、拌料机、原料，机器都是向别的厂借的，就这样东拼西凑，总算是将镁钛砖生产了出来。我们的砖的体密度是 2.8，跟日本的指标一样。镁钛砖最早是美国人搞的，但却在日本生根开花。能做到这个程度，我们非常高兴，把产品送到省冶金厅做鉴定。1986 年 3 月 5 日，我们的镁钛砖通过了新产品鉴定，可以推向市场了。

4 月 5 日，厂里把我提了半级，让我管全厂的生产，这个镁钛砖就不归我管了。之后半年时间，产品都没有被卖出去。但是有几十个人要吃饭啊！乡里认为这个产品不好，没有前景，要把这个产品拿掉。

后来我跟工业公司的领导打包票，两年之内把镁钛砖做到 1 000 万销售额。1986 年 9 月 26 日，乡里宣布成立镁钛砖厂，专门生产镁钛砖，我当厂长。这一天是我们厂的建厂日。

我第二天去厂里上班，发现灯开不了，水也没有了，水电全都被断掉了，财务部给我的账上有二十四万应付货款，也就是账上不但没有一分钱，还倒欠了二十四万。我再一看，原来的二十几个工人中，男孩子都跑掉了，剩下几个女孩子没地方去，才留了下来。这日子可怎么过啊！当时是 9 月 27 日了，10 月底就要结账，钱从哪里来？我们向工业公司贷款，没有成功。后来农行借给我五万元，我从安镇花 2 000 元买回一台旧机器，又花了万把块钱做了个土窑，总算是有点样子了。那水电怎么办？我就跟马路对面一家厂的厂长商量，借了电和水。我们在路上挖了两个槽，通两根自来水管子，一个通水，一个通电缆，就这样，把水电引到了厂里。

也算是运气好，10 月份的时候，广东韶关钢厂来了一个人，是转炉厂的厂长。他的思想比较超前，认为镁碳砖是个好产品，就慕名找我定购镁碳砖。我说需要预付款，他也爽快地答应了，预付给了我二十万元钱。如果没有这笔钱，这道坎，我也就过不去了。我用这二十万元钱付了一部分应付款，付了一部分工人的工资，准备用剩下的三万元钱买材料，也就是镁砂。

腊月的时候，家里的事差不多都忙完了，我就揣着剩下的三万元钱去东北买镁砂。我要买150吨镁砂，要十七万多元钱，但是我手头就只有三万元。我到了安塞附近一个叫岫岩的小县城，找到岫岩一个大队书记家。他家里有煤厂，就在院子里。当地没有旅馆，大队书记家里有两个炕，他让了一个给我睡。他一开始不知道我只带了三万元钱。我说要买砂，他就拿我当贵客来接待，留我在他家里吃饭，早晨起来后还和我喝啤酒。后来，我就跟他讲实话了，把钢材厂的合同也给他看了。他一开始没有答应。我怎么也说不动，后来没办法，就跟他说，刘书记啊，你不答应，我就不回家了。就这样，我又住了十几天，天天帮他家干活。到了腊月二十八，他实在看不下去了，就同意了。

我终于可以回家了。那个时候，书记一家要到安塞买东西，我就坐上了他们的马车。东北的气温已经是零下10摄氏度左右，到了山路上，马车一会儿下一会儿上的，我坐了两个多小时，冷得不得了。后来我想了个办法：马车上坡，我就下来推马车；马车下坡，我就跳上来坐马车，这样暖和些。等我回到家，已经是正月初二了。我没有回去过春节，我老婆以为我没了。我一般再忙，也要回家过春节的啊！那时没有电话，也没法联系，她只知道我到东北去了，一直没回来。所以我到家的时候，我老婆抱着我就哭了。

这件事情过去以后，我们的企业慢慢开始好了。到1989年，冶金部在无锡召开了炉衬工作会议。当时我想，冶金部来推广产品，那我的产品肯定好卖了。没想到，全国一下冒出来大大小小上千家镁钛砖企业，竞争变得越来越激烈。我家的镁钛砖因为质量好，成本也高，反而卖不出去了。这怎么办呢？后来我就想了一招，叫"吨钢承包"结算贷款，就是我把耐火材料给你，你炼了多少钢，就给我多少钱。这里面要做的事情就多了：首先，你的耐火材料质量必须好，质量不好，产的钢就少；其次，小厂的实力不够，我得招退休的大厂工人帮忙炼钢；最后，我还得帮着维护，这个没有实力是搞不好的。如此一来，我们一举淘汰了95%以上的镁钛砖厂。原来一个炉衬准备车间需要几百个人，现在只要二三十个人就可以了，一年能为钢厂节省几十个亿。所以那时南京钢厂，上海一、三、五钢厂，锡钢，县钢，江阴钢厂等很多大厂都用了我家的镁钛砖。

1996年，我们开始和日本黑崎公司合作。日本人精明得很，会把你讲的每句话都记下来，等我们谈判的时候马上翻出“老底”。我们就吸取教训，也把他们讲的话全部记录下来。总体上，我们跟日本公司的合作还是比较顺利的。他们刚和我们公司合作时，正是他们最困难的时候。我们合资后为他们创造了盈利，帮助他们渡过了难关。我们和日本公司的合作，销量不算大，每年一万吨左右，但是很稳定。他们是精细化管理，产品的使用寿命很长。我们和美国方面的合作就吃力得多，我们一开始找马来西亚的华人、美国当地的华人来谈，都不行，后来发现一定要找美国人才能谈妥。

后来民营企业改制，我们就将公司定名为“苏嘉股份有限责任公司”。在这之前，我曾经申请过一个商标叫“三峰”，无锡惠山有个三茅峰，我想通过努力，把镁碳砖做到最高，就叫“三峰”。后来阴差阳错，名字变成了“苏嘉”。这个名字也蛮好，当时厂里的产品得了江苏省科技二等奖，我想，江苏的苏，嘉奖的嘉，这个名字就叫苏嘉了。

老骥伏枥志千里

我的儿子是2001年进的厂，他来了以后，我们两个人争论得也蛮厉害的。他在加拿大约克大学读MBA，喝了不少洋墨水，准备回来大显身手。出去拓展思路是好事，但是他学的那些案例都是国际上的大企业的，和我们民营企业的差距太大了：一个已建成了万丈高楼，一个刚刚盖个地基。所以我们两个人的思路不同。但是换个角度看，我儿子的敬业精神、改革精神是非常可贵的，他一心想往现代化的方向去做，想要干出一番事业来。后来我就干脆选择退居二线，让他自己施展拳脚，我只负责种自己的“一亩三分地”。现在我儿子搞养老产业“耘林生命公寓”，做得风生水起，还是让我非常自豪的。

我们苏嘉的制造业有两大板块，一个是耐火材料，一个是精密钢管。现在的工人非常难招，怎么办？只有用机器替代这一条路。所以我又去日本和德国考察了一圈，发现他们的自动化、智能化程度也不高，国内的技术也没有突破，所以我决定自己动脑筋。我花了两年时间，做了压砖机智能化，之后再在全流程搞自动化、智能化，前前后后投资了一个多亿，压力挺大的。现在自动制砖系统投入运行，经无锡市专家组认定，其自动化、智能化程度在内资企业中是最好的。在精密钢管这一块，我们尽量采用智能化操作，减少操作工人，提高单机生产率，在不增加用工成本的情况下，大幅度提高一线技术工人的收入，形成良性循环。这样，我们的精密钢管才能用更好的质量、更低的售价占领更多的市场。

年轻时，我用全部的精力把镁钛砖做成了全国知名的产品，现在又竭尽全力做智能化转型。“变革驱动成长，创新成就未来”是苏嘉文化的精髓。现在，我已经七十多岁了，身上的担子还很重，但我依然在快乐地工作。在我的有生之年，我仍然要为苏嘉制造再创辉煌。

■探究活动总结

我对省锡中博物馆印象最深的是陈列在口述历史展区的 76 本工作笔记。它们来自无锡的一位乡镇企业家。当时我就对乡镇企业充满了好奇。

高一上学期，我加入了口述历史课程班，遇到的第一个课题就是研究乡镇企业，研究“苏南模式”。无锡——一个美丽富饶的鱼米之乡，是如何走出一条农村工业化道路的呢？我抱着疑问开始了学习探究。

确定课题后，我们先到学校图书馆查找、收集文献资料，又仔细研读了多篇有关乡镇企业的论文，终于对乡镇企业有了大致的了解。所谓“纸上得来终觉浅，绝知此事要躬行”，我们先后参观了堰桥“一包三改”纪念馆、中国乡镇企业博物馆和苏嘉集团展示厅。在做好充足的理论准备后，我们采访了苏嘉的两任董事长，作为“乡镇企业起源与发展”的个案研究。

在采访苏嘉集团创始人龚海涛先生时，他的经历让我感慨良多。都说“树活风雨土，人活精气神”，从濒临倒闭的无锡镁钛砖厂到蓬勃发展的苏嘉集团，“四千四万”精神起到了举足轻重的作用。当年龚海涛先生“踏遍千山万水”求技术，去洛阳找耐火材料；“吃尽千辛万苦”办企业，几次北上都只吃白面加大葱；他曾为了打开镁钛砖的销路，“说尽千言万语”，同一个客户，他拜访十几次。在“历经千难万险”后，镁钛砖厂才走上正轨。

正是这种“四千四万”精神，激励着中国农民奋发向上，在一穷二白的背景下，不懈奋斗，闯出一条农村工业化的新路。正是这些前仆后继的乡镇企业家们，他们紧跟改革开放的时代脚步，创造出一个又一个奇迹。也正是这些企业家们，造福乡梓，回馈社会，共同创造着美好的未来。

指导老师：张雪亚

功崇惟志，业广惟勤

——访苏嘉耘林集团董事长龚育才先生

口述人：龚育才

整理人：陆千依

【导读】 一身蓝色的休闲装，一双白色的运动鞋，他仿佛是刚锻炼回来的样子，非常平易近人。虽然已经收集了很多资料，也为采访准备了很久，但我看到龚育才先生的那一刻，仍然觉得他似乎和我想象中的企业家有些不一样。随着他的讲述，我沉浸在苏嘉的故事中，久久不能平静……

■历史纪实

如果说苏嘉集团是苏南模式下无锡乡镇企业起源与发展的典型，那么新一代掌门人龚育才先生无疑是新苏南模式的成功参与者。

年少求学

龚育才从小学习成绩就比较好，而且他积极参与学校活动，连任了初中和高中的班级团支书。在高中时，学校要选一个年级的总团支书，选拔时有一个重要的标准：总团支书既不能偏帮同学，也不能向学校“一边倒”。龚育才正是合适的人选。同学们对他非常认可，老师也觉得他的工作能力强，于是他便成功担任了年级总团支书这个职务。此后，龚育才有了一个更有利于发挥他的组织能力的舞台，在学校中崭露头角。

在龚育才高中快毕业时，学校有两个保送上大学的名额，一个是苏州大学的师范专业，还有一个是江苏理工大学（江苏大学）的英语专业。当时的龚育才完全符合保送条件，不过对于喜欢尝试新事物的他来说，保送并非最优的选择。父亲给他定下了一个原则——不能去远离无锡的大城市，极力主张他抓住保送的好机会。龚育才也思想斗争了很长时间，最终接受保送，选择了英语外贸专业，这符合他喜欢挑战的个性，也因为父亲的厂里需要这样的人才。龚育才说，英语其实是他的短板，他在高中选的虽是文科，但学得最好的科目是语文，之前做梦都没想到自己以后会选择英语专业。他说："有时候不是说你计划好了什么，你以后就完全按照这些计划去做，很多时候也是机缘巧合。"

没想到去了大学，他发现自己的英语水平居然还不错。他虽不太擅长考试，但应用能力倒是挺强的。他起初硬着头皮去上学，后来却很快建立起了自信。大二的时候，他获得了去国外友好大学交流的机会。从那个时候起，他就开始做翻译了，也经常作为代表致辞。有了这些经历，龚育才更加坚定了学下去的信心，后来考托福去国外，和夫人一起闯荡阿联酋，扎实的口语功底令他获益良多。

初露锋芒

大学毕业后，龚育才放弃了省委组织部"选调生"的机会，选择和夫人一起去阿联酋闯荡。他刚开始做的是导游，不过这种导游的工作不同于一般。阿联酋是中东商业发达地区，每年有很多展会，云集了世界各地的客商，也包括很多中国客商。这些客商参加完展览，一般不会马上走，而是喜欢在周边转两天，了解当地的市场环境和风土人情。他的客人大多是参加展览会后在当地游览的客商，他的工作也不只是带着客人看风景，还要帮他们安排好衣食住行。

在这个行业，龚育才做得风生水起，也结识了很多朋友。很多人到现在都记得他。说到令客户难忘的关键，龚育才说："别人做导游可能急功近利，想着多赚点，毕竟很多客商不是回头客。而我的心态比较平和。比如定一个房间，原价 200 多元，别人会要 500 元，而我只要 300 元左右就可以了。而且我也很用心地准备伴手礼，客户只见过导游让他们买东西，很少遇到导游赠送礼品给他们的情况。而后口耳相传，基本上只要有中国客商来阿联酋，他们就都来找我。"

后来因为要去加拿大读书，龚育才把导游的生意转给了一个要好的朋友。提到这段经历，龚育才坦言：“我在闯荡阿联酋时，一开始没工作，也赚不到钱。不过我没有轻言放弃，通过之后的导游经历结识了很多朋友，不仅拓宽了朋友圈，也开阔了自己的眼界。”

在闯荡阿联酋之后，龚育才与其夫人“误打误撞”去了加拿大约克大学攻读 MBA，以优异的成绩毕业。旁人总觉得国外的教育是“快乐教育”，可事实并非如此。国外的大学，是“进去容易，出去难”。龚育才和夫人在加拿大攻读 MBA 的两年留学生涯一点也没有想象中的轻松，而是非常艰辛。在大学，成绩分 A、B、C、F 四个等级，前三个等级为及格分，F 则代表 Fail（失败）。三个月为一学期，如果一学期中有两个 F 就要被淘汰；并且，平时的作业成绩也被计入学期末总成绩，所以他们必须一丝不苟地完成每天的作业。龚育才夫妇每天都非常紧张，要打起十二分的精神学习。他们俩每天晚上都要看书，硬生生地在 18 个月里啃完了十几本教科书和大量的课外书籍。在这两年中，夫妻俩总是感觉筋疲力尽。不过这段学习生涯虽苦，但两人经常在熬夜学习时一起探讨研究，徜徉在学习之中，以苦为乐。这段艰苦的留学经历也让龚育才明白，一个停止学习的人很容易被社会所淘汰。

接掌苏嘉

学成归来，龚育才进入苏嘉子公司。没想到因为管理理念的冲突，他和父亲产生了分歧。他认为，国外的经营管理理念和方法更为先进，自家公司现有的那一套过于“草根”。父亲那一辈人，没有学过系统的管理，是靠着自己的摸爬滚打、多年的经验总结做出了今天的成绩。但老的管理方式并不一定适应现在的新形势，要是还照着原来那套乡镇企业的模式继续走下去，公司后续的发展可能会遇到瓶颈。如果能通过先进的管理方式提升公司的管理水平，降低试错的风险，那何乐而不为呢？但是父亲却不这么想，毕竟这么多年总结出来的管理模式并非一朝一夕之功，必定有它的合理之处，贸然改变未必是件好事。

一开始，父子俩口头沟通，总以针锋相对收尾。后来，龚育才想出了另一种沟通方式——写信，因为写信可以把整件事情交代清楚，也避免了口头冲突。于是父子俩就通过办公室主任传信。没承想，父子俩的文字功底都很强，有时候针对一个问题，两人要传好几封信，而且内容一封比一封长，最后还是谁也说服不了谁。龚育才意识到，父子间的代沟不是这么容易能消弭的，父辈那一代跟他这一代所受的教育、接触的人、所处的时代是完全不同的，两代人的分歧得不到解决，只会导致企业的内耗。龚育才思虑良久，下定决心对父亲说："要么你干，要么我干。"当时很多老员工觉得他的做法对父亲有点残忍，甚至有些"逼宫"的味道。但龚育才心里清楚，这不是不孝，而是不愚孝。"我既然接手了这个企业，归根到底还是要考虑怎么样才能把企业发展好。"他认为，"所谓'过分啊''不孝啊'只是表面的东西，那什么是本质呢？本质就是要把企业发展壮大。只有把企业做好了，让父亲放心，这才是真正的孝"。所以，龚育才想按照自己的方式来做，他对自己有信心。想明白了这点后，其他的都不重要了。没想到，这番肺腑之言得到了父亲的认可，自此，龚育才真正接掌苏嘉，开启了新的征程。

双轮驱动

接手苏嘉的时候，正值风起云涌的21世纪，这也是国家发展和民营企业转型的关键时期。为了适应新的形势，苏嘉集团在龚育才的带领下作了新的调整，交出了一份属于苏嘉的独特答卷。

快速发展的时期对于企业家们来说也是不小的挑战，唯有不断地学习才能跟上时代的步伐。2008年是金融危机爆发、人人自危的一年，苏嘉集团开始转型，"稳步发展制造业，加快发展第三产业"。钢铁制造业的上升空间不大，出现产能过剩，故稳步发展是指稳定苏嘉在钢铁制造业的收益，同时大力发展服务业。龚育才认为国内的服务业和国外还有差距，正所谓有差距就有机会，用苏嘉一贯做制造业的心态去做服务业，定能做好。但公司转型的风险很大，父亲和公司高管都有顾虑。面对困难，龚育才是这样回答的："我们之所以要转型，不是冒险赌一把，而是因为公司制造业的上升空间已经不大了，不能靠吃老本。做企业如逆水行舟，不进则退。既然制造业上已经没有太大的上升空间，那就要开辟新的产业。第三产业是一个很好的发展方向。我们并不是把所有的资产都投入其中，鸡蛋不能放在一个篮子里。我们开辟新的产业，保证不从制造业中抽资金，只用制造业利润的一部分进行投资。即便新产业出现问题，对整个苏嘉的影响也不会太大。我们要做的是江苏苏嘉集团有限公司和江苏耘林养老发展集团有限公司的‘双轮驱动’。”

因为服务业和制造业的管理模式、发展理念都不同，龚育才重组了一个新班子，专门负责服务业，将文化产业作为进军服务业的第一仗。然而，文化产业是个“不赚钱的生意”，很难适应企业的创收模式，短时间内看不到明显的经济效益。龚育才后来选择暂时中止发展文化产业。因为这一块没有可持续商业化的切入点，不适合苏嘉转型的初创期。但是他并没有完全放弃，一直留着文化产业的尾巴。他坚信未来的文化产业必定会有爆发性的增长，这也促使他在今年收购了无锡惠山泥人厂，将无锡的传统文化做大做强。

苏嘉进军服务业，选了两个方向，一个是文化，一个是养老。在文化产业没有找到好的切入点，龚育才就把精力转到养老这一块。到 2050 年，我国大概有百分之三十的人口会变成老龄人口，也就是四亿多人，相当于美国的总人口数。养老问题会成为时下社会的“热点与痛点”，是潜力巨大的朝阳产业。

龚育才并没有贸然进军养老产业，他在这个领域调研了整整三年，直至遇到了荷兰生命公寓，才下决心开发养老产业。荷兰生命公寓作为比较成熟和先进的养老模式，解决了龚育才当时对养老产业的诸多困惑。它和一般的养老模式最大的区别在于养老理念。传统的养老院往往出于安全的考虑，比起老人生活的便利和幸福指数，更注重管理的便捷性。老人进出要报备，进去看望的人也要登记，老人每天准时吃饭、就寝、熄灯。有的养老院四点钟就吃晚饭了，为什么呢？因为养老院的服务人员五点钟就下班了，所以出现了这样一种现象：早上两三点钟，老人们就聚集在走廊里开始交谈了，因为被饿醒了。而且老人的个性化需求也得不到满足，很多养老院提供的饭菜是统一的，菜色不够丰富，老人们没有足够多的选择。荷兰生命公寓的创始人汉斯贝克曾说：“传统的养老就是监狱式的养老，养老院，是一座座豪华的监狱。”而苏嘉不想办这样的养老院。

苏嘉所创办的耘林生命公寓是这样一种模式：老人买了或租了公寓以后，就在自己家里养老，没有任何进出限制。公寓还会给老人搭建与外界充分接触的平台，提供各种个性化的服务。龚育才举了个例子：“在耘林生命公寓的食堂里，每顿饭都有几十个菜，丰俭由人，十几块钱可以吃一顿，五十几块、一百多块也可以吃一顿。老人有什么需求可以随时向公寓提出，这就最大化地满足了老年人的个性化需求。”耘林生命公寓的着眼点和传统的养老机构是“倒着来的”，体现的是快乐养老的理念。它的商业模式也不一样，传统的养老机构需要政府补贴，光靠自己的运营是活不下来的，而耘林生命公寓能靠自身的运营实现可持续发展。从现在来看，苏嘉集团旗下的耘林养老集团做得很成功，得到了社会各界的认可。

耘林生命公寓主张快乐养老，有独树一帜的三大核心理念，一是Yes文化，二是泛家庭文化，三是用进废退。Yes文化的核心内涵是：愉悦的心情是治愈百病的良药，对老人提出的合理的、非明显对健康不利的要求，都说“yes”。泛家庭文化指的是：住在生命公寓的人，包括在生命公寓里提供服务的医护人员、志愿者等，组成一个大家庭，每个人都是家庭中的一员。用进废退则主张鼓励老人们做力所能及之事，多多关注自己能做的事，指出“过度护理和没有护理一样有害”。在生命公寓里，老人们不再等待着被人伺候度日，直至生命的终点，而是快乐、体面地老去，洋溢着生命的张力。

龚育才引进生命公寓后，将其命名为“耘林生命公寓项目”。该项目于2015年动工，时至今日，已修建成包括康复医院、护理中心、乐老餐厅、咖啡馆、游泳馆、健身房和面积超过2 000平方米的老人乐园等齐全设施。大多数的设施是免费开放的，部分项目是菜单式收费，可以保障老人们享受到个性化、贴心周到的服务。为提升服务水平，龚育才还专门选派了23名员工远赴荷兰学习培训。龚育才还创新性地推出“耘林置换”的项目，提供以旧换新的置换全托管服务，让老人们全然没有后顾之忧，轻松住进公寓。年纪越大的老人往往越不愿意离开原先的居住地，而耘林生命公寓的模式可以让老人从退休开始直至去世，都不必再次搬家。

如今，苏嘉集团形成了制造业和养老产业“双轮驱动”的模式，企业赢得了更好的发展。在说到企业转型时，龚育才强调：“作为企业的管理者，一定要非常清楚企业自身的情况，在充分调研后，再选择适合自己的转型发展道路。”

广纳人才

很多员工从毕业就进入苏嘉集团，一直工作至今。人才是企业的核心竞争力之一，龚育才对如何吸引并留住人才有自己的“独门秘籍”。

在苏嘉，有一套独具特色的职业经理人制度。龚育才接班后的第一件事就是研究怎样实施国外的那套职业经理人制度，怎样把大家的积极性调动起来，让员工和企业一起成长。刚开始，他想把股权分给职业经理人，因为有了股权，员工就有了主人翁意识。但这一想法在施行过程中却出现了问题：第一，苏嘉原本是比较传统的企业，如果重新分配股权，就要重新登记注册，在工商登记那一块会遇到非常多的问题。第二，股权在短期内不太可能产生明显的收益，员工的积极性还是提不上去。最后龚育才想出了一招——利益共享，也叫虚拟股权。有股权，但股权是虚拟的。他打了个比方：“一个分公司的老总在公司里占一万股，一个副总占八千股，部长占五千股，这个虚拟股权就是年底分红的基础。干得越好，分红越多，这样能极大地调动职业经理人的积极性。”有了充分的自由，也要有所制约。龚育才主要通过经费和人事两个方面进行制约。制约经费，划定预算。预算范围之内的花费，职业经纪人自行决定；超过预算之外的花费，就要请示董事长。制约人事体现在两个方面：一是独立财务，企业的财务人员集体到集团总部办公；二是部长以上的人事调动都要董事长签字审批。用龚育才自己的话说，这叫“土洋结合”，是有苏嘉特色的职业经理人制度。这是苏嘉的第一个法宝。

“快乐工作”是苏嘉的第二个法宝。龚育才认为一个员工在公司不能光赚钱而不快乐。为使员工有快乐的工作氛围，苏嘉一直致力于创造宽松的企业氛围和良好的企业文化，传达快乐工作、快乐生活的理念。通过文化的力量，让每一个员工自发地把公司的事情当作自己的事情来做，公司才能成为一个人人为之奋斗的大家庭。

热心公益

除了优秀企业家外，龚育才还有多重身份：江苏省人大代表、无锡市工商联副主席、无锡市青年企业家协会会长、江南大学客座教授。在龚育才看来，每一个身份的背后都是责任的担当，他想为这个社会多做点实事。他说：“我们往小了讲，是要把家乡建设得更好；往大了讲，是能不能推动社会的进步。”他认为做企业最终有两个目的：一是不断提高企业员工的收入，改善他们的生活，让他们过上越来越好的日子；二是为社会做贡献，所以龚育才一直热心公益。曾有一位记者在采访时问他：“是哪一点触动了你，让你想去做公益？”龚育才回答道：“我父亲那一辈就开始做公益事业了。我父亲常常告诫我，做企业不能仅仅为了自己过好日子。自己的日子要过好，也要让更多的人过上好日子。因为我们的财富说到底是社会的财富。苏嘉一直尽可能地帮助周边的人，比如工厂周边的居民。特别困难的，苏嘉每年会给他们一定金额的补助。苏嘉的员工退休后，如果家里有困难，比如小孩子上不起大学、家人看不起病，都可以提出补助申请。苏嘉也在多个学校设立了奖学金，助力教育的发展。为了进一步推广公益事业，苏嘉还设立了耘林基金会，为愿意做公益但缺乏资金的个人和机构提供帮助，通过他们的力量再帮助更多的人。做公益不是唱高调，不是作秀，是实实在在的坚持与初心。”

■探究活动总结

龚育才的青春充满了奋斗与拼搏。他没有依凭自己“创二代”的身份坐享其成，而是脚踏实地、惜时如金、孜孜不倦地学习。在读万卷书后，又行万里路，和夫人一起闯荡阿联酋。在阅尽千帆后，他还能静下心来，继续深入学习，攻读MBA，这些都让我钦佩不已。而这些积淀最终转化为他管理公司的能力。龚育才的故事让我明白了“学如弓弩，才如箭镞”。学问的根基就好比弓弩，才能就好比箭头，青年时期打下的基础对今后的人生影响很大。我们中学生正处于人生之华的青春，不应得过且过，而应让奋斗成为青春的底色。梦想总是从学习开始的，事业也是靠本领成就的。

每一代人都带着自己的特质走上历史舞台，这些新特质可能会让老一辈人不适应、不习惯、不理解，但恰恰是这些新特质推动着我们的社会不断向前发展。一个时代有一个时代的主题，一代青年有一代青年的使命，当代世界是属于青年的。梭罗曾说过：“那些老人告诉你办不到的事情，你不妨尝试着做一下，最后发现你其实能做到。”我们既要学习老一辈的优点，也要担负创新的使命。龚育才代表的是70后，而我们，能成为00后的代表吗？

21世纪是快速发展的时期，摩尔定律告诉我们，核心技术最多两年就会过时。苏嘉集团一直紧跟时代潮流，稳中求变。如果囿于自己的一方天地，满足于眼前的一点成就，就如逆水行舟，不进则退。这个道理不仅适用于企业，也适用于个人、民族和国家。

在龚育才的身上，我还发现了一种特质，那就是“韧劲”。在闯荡阿联酋时，龚育才一开始也赔过钱，但他没有放弃；在进军文化产业首战失败时，他也没有放弃；在企业内部改革一度受阻、与父亲产生矛盾时，他依然没有放弃。正是凭着这股不言弃的韧劲，苏嘉才迎来了新的发展。

作为一位青年企业家，龚育才没有空谈，而是实干。他曾说：“父辈创造过去，我们开辟未来，理应走得更好、更远。”龚育才的父亲龚海涛先生创办了苏嘉集团，是苏南模式的践行者，如今苏南模式已完成了历史的使命，新苏南模式正焕发出强劲的生机，龚育才正和青年企业家们一起探索。

苏嘉对公益事业的重视也令我感动。龚氏父子把“让老百姓过上好日子，为推动社会进步做出自己的贡献”作为苏嘉人应尽的义务，一代接着一代干，体现的正是当代企业家的责任与担当。

指导老师：张雪亚

终日乾乾，与时偕行

——访苏嘉耘林集团副董事长张雪松先生

口述人：张雪松

整理人：曹佳馨　许恺欣

【导读】 张雪松先生于1983年大学毕业，之后在南钢工作了二十年。2002年，他毅然走出事业的舒适圈，加盟苏嘉集团，一路见证和参与了新世纪苏嘉的快速成长，也实现了人生新的价值。“一个人活在这个世界上，就应该不断地学习、不断地经历，能够多为社会做一些贡献。”这是对他最好的诠释。

■历史纪实

加盟苏嘉集团——走出人生的舒适圈

我（张雪松）是从马鞍山钢铁学院冶金专业毕业的，1983年进入南京钢铁集团有限公司工作。我在这个国企工作了二十年，对这里充满了感情。在南钢的二十年，我一直走的是技术路线，从一个普通的技术员开始做起，认真工作，不断学习。我当过技术科科长、炼钢厂厂长，后来在集团也当过技术处处长、技术中心主任、工程师等。

2002年是我人生中一个重要的转折点，如果在南钢按部就班地做下去，我也能安安稳稳地干到退休。但当时的国有企业是一个庞大的机器，有相对固定的运转模式，每个人都有自己的位置，有些条条框框可能会限制人的个性发展。比如我是搞技术的，就不能参与到经营管理中去。怎样才能发挥自己更大的价值？我一直想再发掘一下自己的潜能，走出一条不同的道路来证明自己。

无锡的乡镇企业在改革开放初期曾全国闻名，为无锡创下“华夏第一县”的名号。如何把企业做大做强，是掌舵人最为担忧的问题。很多企业引进人才，寻找职业经理人，寻求传统管理模式的突破。这时，苏嘉集团创始人龚海涛先生向我伸出了橄榄枝。我需要一个能证明自己、发挥才能的平台，而苏嘉则需要新鲜的血液和先进的技术、经验。就这样，我从南钢来到了苏嘉，担任苏嘉集团新材料公司的总经理。

在新材料公司，我深切体会到国有企业和乡镇企业的不同。国有企业人才济济，但并不是每个人都一定可以发挥出自己全部的特长，而乡镇企业不一样，它提供了更大的舞台、更好的发展空间。我们从国企带过来的一些管理方法，比如目标管理法、降本增业等，在国企中属于基础的管理方法，已经发挥不出太大的作用。但到了乡镇企业以后，它们产生了很好的效果，因为乡镇企业机制灵活，执行力很强，企业非常有活力。先进的管理方法与灵活的企业机制一经结合，就产生了强烈的“化学反应”，企业的竞争力大大增强。

来苏嘉后，经营管理成为我的主要工作。为了进一步提升业务能力和管理水平，我于2005年到无锡市干部学校深造，获得了高级经理学位。我把在平时工作中积累的实践经验和学习到的理论有机结合，进行了系统的梳理和内化，在这个过程中得到了很大的提升，也为我后来涉足其他行业打下了良好的基础。这也符合我一直以来所遵循的理念：只有不断学习，才能不断进步。我们可以在实践中学，可以在书本中学，也可以向身边的人学，向行业权威学习。

加强科研创新——为苏嘉插上“科技的翅膀”

加入苏嘉后，我先后主持了多个科技项目并获得了多个科技奖项，申请了14项发明专利，牵头组建了无锡市耐火新材料工程技术中心，还担任中国耐火材料行业协会副会长。以前在南钢的时候，我一直从事科研工作，所以在苏嘉做管理工作的同时，我也继续发挥了自己的特长，组织了一些技术攻关和科研项目来增强企业的核心竞争力。这些荣誉的取得并不全是我个人的成绩，而是整个苏嘉新材料公司和工程技术中心共同努力的结果。

在企业搞科研和在科研单位搞科研有很大的不同。在企业搞科研，可以培养自己的研究人员，重点进行应用型研究，能把好的科研成果运用到生产实践中夫，还可以将科研院校的力量引入企业。苏嘉集团就是这样的企业，既在科研单位、大专院校的帮助下搞科研，又组织自己的科研人员结合产品做应用型研究。我们的工程技术中心在“两条腿走路”的过程中取得了非常好的成绩，促进了企业的技术进步和产品升级，同时也提高了管理水平。

“科技是第一生产力”，一个企业要想迅速腾飞，要想在本行业做出贡献，科研工作不能丢，要将科研工作放在非常重要的位置上，这样才能为企业的发展插上“科技的翅膀”。在科研创新这一点上，苏嘉做到了，而且做得很好。

开拓养老产业——让中国老人也能快乐养老

2008 年，苏嘉集团完成了新老掌门人的交接，龚育才先生正式接掌苏嘉集团。2009 年，我开始担任苏嘉集团的总裁，除了以前的经营管理工作，还要协助董事长在集团的发展方面做一些决策。

我们公司从 2008 年开始转型，从纯粹的制造型企业向现代服务业迈进，当时提出的方针就是“稳固发展制造业，加速发展现代服务业”。现在，苏嘉已经形成制造业和养老产业的双轮驱动模式。

从苏嘉耘林集团的联合总裁到后来的副董事长，我从最早的技术人员转变成企业的管理者，现在工作重心又从制造业转移到现代服务业。这对我来说又是一个全新的挑战，所以不断地学习已经成为我人生的常态：不管工作了多少年，不管年龄有多大，学习永无止境。

养老产业是当下的热点和痛点，我们当初选择这个产业是有前瞻性考虑的。2008 年，龚育才董事长就觉得，国家对于养老产业有迫切需求。我国人口老龄化的速度越来越快，养老的形势也越来越严峻，尤其是长三角这一带，六十岁以上的老人已经占到户籍人口的百分之二十六，也就是说，每四个人当中就有一个是超过六十岁的。我们也对目前的养老产业进行了分析：老人退休的时候才六十岁，随着平均寿命的提高和生活水平的提升，六十岁以上的这部分人群有着各种各样的养老需求。老人的需求已经从温饱转化为有更多精神方面的需求。

意识到这一点后，苏嘉在多方调研的基础上，引进了荷兰生命公寓模式，“让中国老人也能够快乐养老”是我们创建耘林生命公寓的出发点。这种模式主要解决了两大问题。一是快乐养老的问题，它满足了老人精神方面的需求。我们创建共享大厅，组织丰富多彩的活动，设置开放型的娱乐设施、护理设施，吸引外部人员和老人的亲属子女。老人是不喜欢孤独的，他们不愿被社会抛弃。二是转变养老企业的经营方式，这里的经营活动不仅为业主服务，也向整个社会开放。

其实，我们刚启动快乐养老模式的时候，很多人以为是房地产开发商打着养老的旗号卖房子。而作为一个养老发展集团，我们的着眼点在养老，不在卖房，我们有后续的养老服务。但当时很多人不理解，这是我们的第一个难点。第二个难点就是这种养老模式和过去养老机构的要求不一致，养老机构希望有专门的企业做养老，而我们是开放式的，不符合国家以前的养老政策。但随着国家对养老产业的关注，这些问题也就迎刃而解了。

现在，最困难的时期已经过去，耘林的发展前景一片光明。我们在无锡建造了五座生命公寓，目前还在筹备一些新的项目，现在要考虑的是如何把这个好的模式复制出去，让更多的老人享受到快乐养老服务。所以我们也在寻找合作伙伴，招揽能够一起致力于养老行业的人才。“让生命更美好，让老人的第二人生更加美好”就是我们的愿景。

不改初心——为社会发展贡献自己的力量

从 2002 年到 2020 年，我一路见证和参与了苏嘉集团的成长。苏嘉集团从一家乡镇企业起步，在无锡这片经济发展的热土上不断前进，取得了不菲的成绩，这不是偶然的。一方面，苏嘉集团赶上了中国改革开放的大好局面，依托脚下的这片沃土和当地政府利好政策的扶植，积极作为。另一方面，两代苏嘉掌舵者在关键时期都作出了正确的决策。在从乡镇企业转为民营企业，从制造业发展为多元产业的过程中，龚海涛和龚育才先生始终顺应时代发展的潮流，付出了很多心血，并运用了很多方法，让大家能够在这片沃土上发挥自己的强项和特长，齐心协力把工作做好，这也是苏嘉能够持续发展的原因。

我从大学毕业到现在已经工作了四十多年，我的经历大致可以分为三个阶段。第一阶段是学习阶段，从小学到大学，这是汲取知识养分的阶段；第二阶段是在南钢工作的二十年，我不断学习，积累工作经验，沉淀自己；第三阶段是在苏嘉度过的这些年，我发挥潜能，实现了新的人生价值。我觉得自己还有许多活力，能为社会贡献更多的力量。

总而言之，我的职业生涯是比较幸运的。我遇到了一个伟人的时代、一个很好的企业，也遇到一个很好的老板。还是那句话，一个人活在这个世界上，就应该不断地学习，不断地经历，能够多为社会做一些贡献，多贡献一些自己的力量。

■探究活动总结

乡镇企业是中国农民的伟大创造。苏嘉集团是无锡乡镇企业发展的典型。张雪松先生一路见证和参与了苏嘉在新世纪的成长历程，无论在哪个岗位上，他都不断学习，提升自己，服务社会。这二十年来，张雪松先生从国企员工成长为民企总裁，苏嘉集团也从单一的乡镇企业转变为多元化的大型集团，个人与企业同步成长。

通过对张雪松先生的采访，我们看到了他的个人发展经历，看到了苏嘉集团的成长历程，看到了苏嘉人的坚定与创新，也看到了乡镇企业的过去、现在与未来。

在张雪松先生的身上，既有科研人的创新精神，也有企业管理者的宏大格局。苏嘉集团能突破用人的桎梏，唯才是举，举贤任能，为企业的发展注入新鲜的血液。

不管是个人还是企业，苏嘉都抓住了国家深化改革的大好机遇，为国家的发展贡献着自己的力量。他们筚路蓝缕启山林，栉风沐雨砥砺行，一起为实现伟大的中国梦而努力。

指导老师：张雪亚

平凡人的奋斗史
——访苏嘉集团行政总监张华女士

口述人：张　华
整理人：王希捷

【导读】 无锡乡镇企业的成长与转型体现了我国改革开放以来的经济建设成果，充分证明了中国特色社会主义道路的正确性。苏嘉集团历经三十余年风雨，由一个乡镇企业发展为如今跨行业的企业集团，为中国特色社会主义事业贡献了"苏嘉经验"。我的母亲作为一名苏嘉的老员工，由初出茅庐的"学生仔"成长为企业管理者，一路参与和见证了新世纪苏嘉的成长。

■历史纪实

在苏嘉，我收获了事业

我（张华）在大学里成绩优异，毕业时也有很多就业选择。不过，我当时把主要精力放在考研上，并没想花太多的时间和精力准备求职简历。后来还是父亲跟我讲："你要做两手准备，一方面准备考研，另一方面也要准备找工作，万一考研考砸了怎么办？你总归是要就业的，而且就业以后也可以继续深造。"所以，我就做了两手准备。

当时，苏嘉到我们学校校招，我就去投了一份简历，和来招聘的办公室主任聊了一会儿。苏嘉给我的印象是：这个公司虽然名气不是特别响，也不是规模特别大的企业，但是它很有生命力，很有活力，很有发展前途。而且乡镇企业实行"能者上，不能者下"的用人制度，如果我有真才实学，应该很容易脱颖而出。后来我考研失利，就选择了无锡和苏嘉。

我在大学里学的是国际贸易专业，但到苏嘉以后却做的是质检员。企业的创始人龚海涛先生跟我面对面地聊了一次："现在苏嘉的外贸部门还没有真正成为一个独立的部门，只有一个外贸业务员兼总经理，以后外贸业务总归要走专业化的道路，由专业的人来做专业的事。做业务的前提条件是你要对我们的产品很了解，包括生产工艺、生产流程，不说成为专家，至少皮毛是要懂的。市面上有很多同类产品，你的产品如何能够脱颖而出？这都需要你深入了解产品。"我觉得确实应该从最基层做起。

于是，我从质检员这个一线基础岗位开始做起，下车间。当时车间的工作环境是比较差的，粉尘也比较严重。夏天的时候，室外温度已经接近40 ℃了，更别提车间，在里面简直就是蒸桑拿。我们的砖经过热处理，出来后都是滚烫的，但是我觉得自己在那段时间的收获是很大的，对我后期从事出口业务很有帮助。当客户跟我询价，或者讲一些比较浅层次的技术问题时，我都能对答如流，他们感觉我很专业，觉得我比其他的同行更可信，就会源源不断地给我订单。而且我在质检部的时候，在生产一线跟工人一起上下班，一起吃饭、工作、休息，积累了比较深厚的群众基础，也认识了很多人，这对以后我从事出口业务和行政工作都有很大的帮助。

在质检部、检测中心、技术工程部、成品库等岗位轮岗两年多后，我被调到了国贸部。我们现在董事长的夫人是国际外贸英语专业毕业的，她从国外回来以后，亲自组建了国贸部，就把我调过来了。我当时也很高兴，终于能够从事自己对口的专业了。我在国贸部亲眼见证了部门从一个人发展到八个人，业务额从百万美元暴增到两三千万美元的过程。但是在2006年，美国针对中国的镁碳砖产品提起了反倾销和反补贴的诉讼，就是所谓的"双反"。我们国家对企业的扶持政策纷纷出台，公司委派我来做企业申报工作，于是我慢慢完成了工作转型。当时，这是一项全新的工作，没有前辈教我，我只能摸着石头过河，后来慢慢总结出一些经验。

在苏嘉，我收获了友情

回顾在苏嘉的成长之路，我从大学毕业来到这里，一待就是二十年。开始的时候，虽然接触的不是专业对口的工作岗位，但我有一种信念，只要认真地沉下心去做这件事情，我应该可以干好。所以，我学习如何适应这个企业，了解公司的人和事。

刚到公司的时候，冬天的自来水很冷，我没有条件买洗衣机，大被套、大床单全都要靠自己手洗。一位工友知道了以后，就跟我讲：“以后你的这些被单、被套，都打包好拿到厂里来，我帮你洗，我保证帮你洗得干干净净。”我当时很感动，觉得在一个企业里面，员工之间能够这样互相帮助，说明这是一个很温暖的企业；也觉得在这种氛围里面工作，应该是一件很开心的事情，大家相处起来都像家人一样。

龚育才董事长接手企业以后，他开始向文化产业、养老产业，包括大健康产业等方面发展，我觉得他的思路是很清晰的，非常符合中国的发展趋势，很有前瞻性，他的眼光很准。做事业跟对人是非常重要的，我跟着他工作，对公司未来的发展很有信心。苏嘉现在的养老产业是很有意义的。

在苏嘉的这么多年里，我收获颇丰。我从一个普通员工走到现在行政总监的位置，一步一步，踏踏实实，这是事业上的收获。在工厂里，工人都会叫我一声“张主席”或者“张书记”，他们有一些心里话，或家里有什么困难，也愿意对我讲，这是一种很幸福的感觉，被人需要的感觉，这是我收获的友情。

在苏嘉，我收获了爱情

在苏嘉，我也收获了爱情。我从学校毕业来到苏嘉以后，公司给我们大学生安排了专门的宿舍。当时所有的单身汉都住在一栋楼里，女生在二楼，男生在三楼。我的先生是住在三楼的大学生。他比我早来苏嘉两年，他们宿舍里已经有好几个大学生了。他们很勤快，每天都做饭。那时候，我们二楼的女生基本上都不太会做饭，因此每天下班了以后，一个很重要的工作就是大家搭伙去买菜，回来热热闹闹地做一顿饭。大家坐下来边吃边聊，一起看电视，跟大学生活差不多，相处很融洽。

后来我们开始分组，一个男生带着一个女生，每天轮流做饭。那时候我跟我的先生一起搭伙做饭。我们在做饭期间聊聊家里面的事、工作方面的事，聊得很投机。我觉得这个人挺诚实可靠的，后来我们就组建了家庭。

■探究活动总结

在采访之前，我其实是这样想的，像我们这样的普通人家，像我妈妈这样的普通百姓，一个民营企业的普通员工，跟“历史”那么厚重的词儿搭得上边儿吗?

当妈妈将她在苏嘉二十多年的工作经历娓娓道来时，我着实有种听故事的感觉。这其中有欢笑也有眼泪，有艰辛也有收获，虽然谈不上惊涛骇浪，但也并非一帆风顺。

随着沟通次数的增加、话题的逐渐深入，我渐渐对“口述历史”有了一些新的认识。“人民是历史的创造者，是决定党和国家前途命运的根本力量”，历史长河中的每一个普通人就像那浩瀚夜空中的点点繁星，正是无数个“小我”的劳动和智慧，创造了点点滴滴的物质和精神财富。

另外，对于历史，我也有了一点新的见解。虽然我们可以通过考古等科技手段了解或推断一些历史，但是不同的人，他固有的出身、背景、他对历史会有自己的解读。不同的人讲述的历史，即使是在同一个时期，甚至是同一个时间、地点发生的事情，他们的感受也可能是不一样的。“历史从来不是冰冷的史实”——这就是我对“口述历史”的感悟。

指导老师:张雪亚

有温度的“老年人之家”
——访耘林生命公寓业主熊昆庭先生

口述人：熊昆庭
整理人：华一希　邹梦玥

【导读】 熊老先生与其夫人在退休前担任外交官，常年居住在国外，退休后选择了无锡耘林生命公寓作为养老住所。耘林究竟有什么吸引他们的地方呢？

■历史纪实

选择耘林

我向熊老询问了他选择无锡耘林生命公寓的原因，他说：“我跟我的爱人一起在欧洲待了十多年的时间，我们两个人的想法还是比较超前的。咱们中国人讲究的三代同堂、四代同堂，在我们这里已经很淡化了。在欧洲工作期间，我们也看了一些国外的养老院。回到无锡以后，差不多是三年前吧，有一个朋友向我们介绍了耘林生命公寓，我们就来看了看，跟销售人员聊了聊，觉得他们的理念和我们所期望的养老生活方式是比较吻合的。”

“我的两个小孩也在国外学习和工作，一个在德国，一个在新加坡，他们都很支持我们选择耘林养老。我们知道子女的工作很忙，也有自己的小家庭，今后的养老基本还要靠我们自己。他们能请个半个月、一个月的假回来照顾我们就很不错了，我们也不能因为自己的养老生活影响他们的工作和学习。现代社会的工作节奏、生活节奏都快了，年轻一代还要工作、学习，而且当他们有了自己的小孩后，要花很多的时间和精力去照顾和教育他们的下一代，所以我觉得我们中国的老人，如果条件允许的话，不能把养老的希望寄托在下一代身上，应该依靠自己，做好合理的安排。"

"后来耘林造好以后，我们一看，很不错，就完全敲定了下来。我们之所以选择在耘林养老，有三个原因。第一点，它有个共享大厅，餐厅很不错，餐饮品种很丰富，味道也很好，我们可以自由挑选，有鱼、有肉、有蔬菜，想吃什么都可以。第二点，这里有一个医院，医院的管理也相当不错。我拿这个医院跟德国或者瑞士的医院相比，从硬件方面，几乎相差无几，软件方面也在不断地提高。环境很干净、很舒适，医务人员的服务态度也挺好的。第三点，这里有一个游泳池，我可以天天下楼游泳，这太棒了，因为游泳对老年人来说是一项很好的运动。鉴于这三点原因，我和夫人就将以后的养老基地定在耘林生命公寓了。"

耘林生活

接着我们谈到了在耘林的生活。在楼下参观的时候，我们就发现这里的环境十分优美，老人们的活动丰富多彩。熊老向我们讲述了他的养老生活："我们的性格是比较开朗的，很容易融入环境，跟其他业主相处得也很和睦。我们有合唱团，每个星期都一起练唱歌，心情很好。我们还有书法课，有专门的老师给我们上书法课。我们书法课的成员水平参差不齐，有的书法很好，有的技术就差一点，但大家都学得很认真，连老师也深受感动。老师很尊重我们，大家既是师生又是朋友，相处得非常愉快。另外，这里还有一些其他活动，像女同志喜欢的旗袍秀啊、广场舞啊、扇子舞啊等等。因为生活很丰富多彩，我们就没有孤独感了。"

我们又询问了熊老在耘林的日常生活，他微笑着回答了我们："我们生活是比较有规律的。一般早上七点钟左右起床，然后在下面吃早餐，我们基本上一天三顿都在下面的餐厅用餐。上午就是唱歌啊、书法啊，或者和朋友们打打牌、下下象棋。在餐厅吃过午饭后，会休息个把小时，我们就看看书。晚上在餐厅吃过晚餐，我们就回房间看看电视，十点半左右睡觉。平时，我们也经常去附近的一些景点或者公园游玩，有时候跟以前的老同事、老同学聚聚会，很开心。"

美好期盼

随着谈话的深入，我询问了熊老对当下生活的看法和他对今后中国养老业的期盼，熊老认真地回答了我们的问题：

“耘林生命公寓基本上达到了我们的预期。耘林是跟荷兰的养老公司合作的，荷兰方面派了一个总经理，叫雅阁。我和他都会一点德语，还用德语聊了会儿。耘林集团是很想把养老事业做好的，跟某些房地产开发公司不一样，它一直有后续服务。最近几年，中国的养老市场需求很大、发展很快，政府也很重视，有些城市老人数量所占比例已经占到百分之十几甚至超过百分之二十了。耘林集团的老总抓住了时机，进军这个行业。据我了解，耘林集团养老公寓的模式在无锡应该属于第一家，以前都是很简单的养老公寓。”

熊老也对耘林公寓提了一个改进建议：耘林的餐厅是对外开放的，所以周末会有很多家属和外面的人过来一起热闹热闹。看到小孩子跑来跑去，老人们也很开心，这本来是件好事情，但是人多了，公寓里的老人买东西、买菜都要排很长的队。耘林后来也采取了一些措施，就是八十岁以上的老人，可以优先，不用排队，直接到餐厅柜台取菜。但是有的老人很自觉，也不愿意去插队，所以这个问题还有待更好地解决。

■探究活动总结

在进行这次采访的同时，我也在思考：人的记忆无疑是短暂的，人的生命也是。那么如何能将宝贵的记忆留存？口述史可能是一个很好的途径。

这次采访也让我听到了老年人的心声。耘林生命公寓承载着老人对美好生活的向往，这里是“有温度的老年人之家”。

指导老师：张雪亚

二十年筚路蓝缕，追梦征途再出发

——访无锡万新机械董事长孙志强先生

口述人：孙志强
整理人：严　炎　沈怿辰

【导读】 万新机械走过了风云激荡的四十年，但它还有更远的路。时代变迁，技术迭代，万新将带着光辉的历史，迎接明天的挑战。

■**历史纪实**

洪荒里初辟鸿蒙

无锡早在20世纪六七十年代就出现了社队企业，改革开放后又成为乡镇企业的发源地。我（孙志强）的父辈就是在这样的背景下开始了创业。这一辈人是吃苦耐劳的一代人，是勇敢奋斗的一代人。

我的父亲读书不多，16岁就外出打工了。他在出去的这几年里，学到了一些技能。1968年，他回到我们村里，进了一个小作坊，这个小作坊就是万新机械的前身。1978年，父亲做了这家工厂的厂长。后来工厂的规模越来越大，以至于我们村里百分之九十的劳动力都在这家厂里做工。工厂最初是做建筑机械的，名叫万新建筑机械厂。经过几十年的奋斗，万新发展到目前的集团公司的产业规模，形成了四大产业板块：机械实体、金融投资、生物制药、房地产。

企业之光薪火相传

我大学毕业时正值企业掌门人交接和企业转型的关键时期，是父亲一步一步带着我做事，带着企业不断创新转型。我和万新的今天离不开父亲的付出。

父亲是一个比较开明的人，我在他的公司锻炼两年以后，他就让我独自到外面成立了一个新的公司，生产完全不一样的产品。这让我有了独当一面的勇气和接触社会的机会。

经过这么多年的锻炼，在2014年，我接手了父亲的公司。这几年，随着社会的发展，我淘汰了一些落后产能，关停了一些污染项目，在获得经济效益的同时，也关注着社会效益。比如钢板的酸洗冷轧这一块业务，现在被我关停了。本来这个业务的产值很高，一年可以做到几个亿，但是国家节能减排政策对酸洗行业的冲击越来越大，再加上这是高耗能低产出的夕阳行业，我最终选择了主动退出。这些年，我们在产业的布局上，一直紧跟国家和地方的发展导向，灵活布局，这使得我们的企业能够稳健发展。

我们现在的创业条件和环境比起父辈要好得多，但是父辈敢拼、敢闯、敢吃苦的精神不能忘。

困局与变局

我们一直提倡节能减排。原来的汽车，进口车也好，国产车也好，都是大排量的车。为了达到这个节能减排的要求，我们从国4标准、国5标准，升级到现在的国6标准，汽车排放标准的不断提高对我们的发动机也提出了更高的要求。大排量的车换成了小排量的车，在发动机排量变小的同时，我们还要保证汽车的动力，因此在小排量发动机后面，需要增加涡轮增压器。

涡轮增压器作为一种高效、节能的产品，能减轻汽车发动机尾气排放污染，提高发动机功率，提高扭矩，还能降低燃油消耗率和发动机噪音。我们在前几年就决定进入这个行业，专注于研发、生产、销售各类增压器压气机壳，降低发动机的污染物排放水平，提高发动机效率。经过几年的发展，我们进入了一些国际一线增压器品牌的供应商序列。我相信，随着中国汽车行业的发展，涡轮增压器行业也会出现井喷式的发展。

涡轮增压器属于技术含量比较高的产品，在产品研发、质量控制和产品维护等各个环节都需要专业的技术支撑。你如果不是这个行业的，转到这个行业后会感觉做事情很艰难。这个行业有一个准入门槛，尤其是高端的增压器工厂，他们对供应商有严格的要求。为了达到这个行业标准，公司需要不断提高和完善产品的生产工艺。

规模上去了，在管理方面也要不断提升，才能适应公司转型。公司采取的是职业经理人制，把专业的工作交给专业的人去做。我的工作是把专业的人管理好、激励好。

万新和无锡的许多企业一样，同样面临用工荒的问题。企业缺少干活的工人，在生产作业中带来了一系列的问题。我们自己招不到工人，就找中介。中介现在也是一个产业。

在去年的政协会议上，我提了一个议案，想让政府在这方面帮我们企业想想办法，比如搭建一个平台，帮助企业缓解用工荒的问题。我们自己也在想办法，比如逐步进行自动化改造，部分工序使用机器代替人工。但我们的产品精密度高，产品不能有擦伤、碰伤。我们产品的材质主要铝，铝的硬度比铁要低很多，机械手很难做好。

万新机械走到今天，经历了五十多年，一路走来实属不易。目前，企业已经从传统制造业发展成为金融投资、房地产开发等多行业集团。我相信，将来我们涉足的行业会更多，具体的发展方向，主要看国家的政策引领，政策把我们往哪边领，我们就跟着往哪边走。

肩上的责任

■探究活动总结

无锡万新机械有限公司跟随时代发展，在时代中获得新的生机，在转折中迎来新的发展。从一开始修锄头的小作坊，到现在以涡轮增压技术为主导的多元发展的企业集团，万新的发展离不开政策的支持，更离不开一代代企业家的不懈奋斗。

谈及企业，现任总经理孙志强首先提到了他的父亲。他的父亲十六岁就外出打工，后来又回到村中辛勤工作，在 1978 年当上了厂长。当时没有通信设备，机械化程度也低。在计划经济的大背景下，乡镇企业的原材料供应稀缺，父亲需要想各种办法，才能获得一些最基本的原材料。但他的父亲坚持着，默默付出，将一个不知名的乡镇企业做大做强。踏遍“千山万水”，吃尽“千辛万苦”，说尽“千言万语”，历尽“千难万险”，“四千四万”精神正是那一辈人的真实写照。

大学毕业以后，孙志强并没有直接接管公司，而是另立门户，在将近二十年的时间里，锻炼出了独当一面的能力，也将公司打理得风生水起。他在2014年全面接手了万新公司。后来公司又转型升级，淘汰落后产能，进入朝阳产业。

2016年，涡轮增压行业在政府的支持下迎来春天，孙志强成立了震达增压科技有限公司，进入涡轮增压这个风口行业。他带领企业克服困难，招揽专业人才，升级技术，将震达的增压器压气机壳做成了全国知名的品牌，也将公司做成了国际一线汽车增压器厂的供应商。

孙志强在采访中说道：“每担任一项职责，就对应着一份责任。”如今，他已连任三届惠山区政协委员，还担任惠山区青商会会长等职务。在青商会上努力构建企业家的交流平台，尽力做好企业与政府之间的桥梁。在问到他热心公益的原因时，他打趣地回答说是家族遗传，他只是在传承父辈“震少年雄心，达锦绣前程”的初心。

如今，万新也面临着新的挑战：行业工人缺口大，企业需要搬迁。站在变革的十字路口，他们需要继续迎接新的挑战。但我坚信这艘巨轮定会迎着时代的风浪，稳健地驶向光明的远方，拥抱锦绣前程。

指导老师：张雪亚

传承创新，砥砺前行

——访无锡金阳汽车总经理陈泓先生

口述人：陈　泓

整理人：罗昊迪　张　凯

【导读】 成立于20世纪90年代的无锡金阳汽车电器有限公司抓住改革开放的机遇，扩大出口，引进国外先进管理经验，改造自动化生产线，研发新能源电机，在两代企业家的接力中走出了一条民营企业转型升级的新道路。

■历史纪实

出国留学，眼界渐开阔

一件黑色运动冲锋衣，一副简单的黑框眼镜，坐在我面前的陈泓先生低调得不像一个企业老板。在与他交谈的过程中，我了解到，陈泓在2004年就赴英国留学。八年的求学经历使他收获颇丰，他学会了自主学习的方法，锻炼了自力更生的能力。

回国后，陈泓来到父亲的公司金阳汽车工作。他说："父亲对我影响很大，他教导我做任何事情都要富有使命感，要有责任心。"回国创业的这段时间，陈泓一直脚踏实地，一步一个脚印地经营着公司，同时不断地寻找新的机遇和出路。

金阳电机最早是惠山集团的一个分厂。惠山集团主要做汽车的水泵、油泵，所有的产品都是和主机配套的。惠山集团后来开发了一个新项目，做汽车的启动电机，和柳州五菱、江淮汽车这些车厂合作。

20世纪90年代企业转制的时候，陈泓的父亲接下了金阳电机厂。公司刚成立时只有20个人左右。因为无锡离柳州比较远，需要专职人员在广西负责，维护客户关系需要相当大的投入，资金回收也不理想，公司面临困境。

后来随着江浙地区经济的迅速发展，沿海地区又快速做起外贸生意。金阳转变思路，参加了上海的法兰克福展，从国外客户那里得到了试制样品的机会，开始承接国外订单，逐渐成为博世、福特、日立、三菱、奔驰、宝马等大公司大品牌的汽车电器供应商。其产品范围也由单一的启动电机，扩展到汽车起动机、起动机电枢、定子、线圈、电磁开关等。现在公司有员工300多人，占地面积达到40 000平方米。

因为金阳的产品与日新公司、博世公司的现有产品较为相似，又有外贸经验，所以这些公司一起找到了金阳，寻求合作。陈泓说：“其实合作并没有想象的那么惊心动魄。令我感受深刻的是他们的专业精神。他们精益求精，整个生产过程也严格按照要求执行，不能有一点差池，这让我初次了解到大公司对于产品的严谨态度，受益颇多。”

为了使产品达到客户的需求，金阳引进了先进的生产和检测设备以及科学的质量管理体系，严格执行IATE标准。上海博世的工程师定期对公司和员工进行培训和考核。公司还设有一个专项小组负责检查车间，一方面检查工人的操作规范，严把质量关；另一方面检查工位器具的定置定位，避免很多不必要的遗失和损耗。

陈泓坦言：“金阳汽车能发展到今天的规模，得益于雄厚的技术力量、先进的加工和检测设备、科学的管理方法和稳定可靠的售后服务。”

决心创新，任重而道远

在能源革命的大背景下，国家大力提倡传统汽车向新能源汽车转型。因为新能源能解决传统能源的发展问题，保障国家能源安全，使我国经济在新的能源模式的带动下继续高效发展，所以构建清洁低碳、安全高效的能源体系，推动能源高质量发展已是当务之急。新能源汽车是汽车行业发展的大趋势，这对传统汽车配套市场也产生了冲击。

“对于我们传统的制造企业来说，传统的电机市场已经趋于饱和，如果不做转型，那就很难跟上时代发展的潮流，难以占据市场份额。所以2017年，我下定决心开拓新能源汽车的电机市场。”陈泓说，“但是民营企业的转型升级，若是没有足够的资金进入，要创新可谓是难于上青天。我们也考虑到了这个问题，所以我们现在同步推进传统电机和新能源电机，两条腿走路，拨出一部分传统电机的利润来投资新能源电机的研发。”

陈泓为此成立了泓阳电动科技有限公司，投入了大量资金搞研发，创立了一流的CAD设计中心，带领团队进行产品设计和开发创新。研发的过程并非一帆风顺，连续奋战几天是常有的事。陈泓说：“一台样机的试制是非常复杂的，每一个环节都不能出差错，我们的工程师团队经常为了某个环节，从白天连续工作到深夜甚至第二天的凌晨，就为了守在那里观测研发过程，等待试制结果。为了进一步提高研发能力，我们也聘请了哈工大的教授和一线工程师提供理论和实践上的帮助。”

在传统领域，金阳也在做转型，主要是对传统电机生产线做自动化改造。陈泓也坦言：“自动化甚至智能化的改造是一个长期的、循序渐进的过程，需要大量的资金投入和成熟的技术水平，机器和软件的后期维护以及员工的能力素质也非常重要。我们和欧洲的汽车自动化工厂还有差距，现在正在朝这个方向不断努力。”

幸运的是，现在无锡市政府、惠山区政府等对民营企业转型发展的扶植力度还是很高的，比如置办一些大投入的生产设备可以申请相应的补助，政府对于泓阳电机这类高新企业会有减免税收的优惠。

但是现在金阳的发展也存在明显的掣肘因素，用工荒的问题普遍存在于民营企业之中。陈泓说：“我们厂里有1/3的工人是当地的，剩下2/3的工人都是外地的。工人的年龄偏大，基本在45岁以上，流动性强，很难留住年轻人。为了留住产业工人，我们也做了很多努力，比如提高工资和福利待遇，改善工作环境，在车间设置专门的员工休息区，给工人提供食宿，宿舍楼的租金和水电费都很低，但是成效并不明显。”

对于创二代来说，既要守江山，又要创江山，这不是一件容易的事情。在陈泓看来，制造业要想有突破传统的创新，得有钉子精神，盯住每一个环节。

谈到金阳未来的发展前景，陈泓有自己的想法：“在创新过程中，不能盲目冒进，要守正创新。对于未来的规划，我们主要分为两个方面：一是在传统电机持续发展的前提下，为新能源带来稳定的资本，这样才能更好地研发和创新；二是在新能源电机方面，要更加积极地做市场推广，更加主动地研发优势产品，获得更大的市场份额。现在我们国家和市政府、区政府、科技局对新能源汽车的扶植力度都比较大，我们要抓住这些利好政策，实现企业的转型升级。”

发展新能源汽车是我国从汽车大国迈向汽车强国的必由之路，也是汽车行业发展的必然趋势，但目前行业仍处于“爬坡过坎”的关键时期，市场竞争激烈，产业技术和用户体验感有待提升，这些问题都需要先行者谨慎细致地思考。在向新能源汽车迈进的过程中，陈泓也希望用实际行动为国家做出一份自己的贡献，为子子孙孙留下绿水青山。

身兼数职，回馈社会

陈泓谈道：“能成为惠山区政协委员、加入无锡市青年商会是我的荣幸，同时也是一份责任。作为政协委员，我平时会注意观察身边发生的事情，观察是否存在不合理的地方，或者可以更加优化的地方。我曾经围绕可持续发展理念提出了一些议案，比如惠山区的小飞龙现象可能会造成交通的混乱，是非常不安全的；还有丧葬行业使用液化气瓶模仿爆竹声，存在非常大的安全隐患等等。”

不仅如此，陈泓还积极响应国家“关爱圆梦工程”的号召，为贫困学生搭建“助学助业助智平台”，给学生提供实习工作的机会。他和他的父亲一样，认为做企业一定要有社会责任感，要有担当精神。陈泓也希望将来能够有更多的优秀青年看到民营企业的发展潜力，为民营企业的发展添砖加瓦。

作为省锡中的校友，陈泓也对省锡中学子表达了殷切的希望：“我在求学时期碰到了很多好老师，省锡中也给我提供了很好的学习平台。虽说学历和文凭不能代表所有的能力，但是，好的学校可以提供更好的平台、更多的机会、更广阔的视野，为你将来的工作和人生道路提供更大的助益。所以希望同学们要珍惜在省锡中学习的机会，早早定下自己的目标，然后全力以赴，不要在将来留下遗憾。”

■探究活动总结

这次采访金阳汽车总经理陈泓校友，也实地参观了工厂车间，我更深入地了解到民营企业的现状。

金阳汽车在延续传统生产线的同时，还研究如何创新升级，甚至不惜投入传统制造业的利润，这是令我印象深刻的。陈泓校友清晰地意识到，新能源汽车是大势所趋，也是未来的一支潜力股，于是他们增添自动化生产线，研发新能源电机。虽然创新之路荆棘重重，路漫漫其修远兮，但他们依然上下而求索。这种持之以恒的精神令我动容。

在与陈泓校友的交谈中，我还了解到，面对民营企业的用工荒问题，金阳汽车做了很多尝试，也希望未来有更多优秀的人才能看到民营企业的潜力，为他们的成长助力。在金阳汽车人的身上，我看到了民营企业的潜力，也目睹了他们为民营企业的转型发展和更美好的明天所做的努力。

这次是我第一次参与真实情境下的口述史访谈，从拟定提纲，到正式访谈和后期的整理，我深切体会到做口述史的不易与意义所在。我感觉自己还有许多可以提高的地方，比如访谈提纲的完善、现场采访的应变能力和控场能力，还有如何克服访谈期间的紧张情绪等等，日后必当再接再厉。

指导老师：张雪亚

没有捷径的成功路
——访无锡微研中佳精机马鑫怡技术专员

口述人：马鑫怡
整理人：吴祉悦　沈怿辰

【导读】 大街小巷都挂起了红灯笼，在那个应该被温暖和热闹填满的春节里，21 岁的马鑫怡还在进行封闭式训练。窗外是白雪，室内是坏掉的空调和一打资料。那是 2016 年。

■**历史纪实**

校园时代

如今，马鑫怡回想起自己那段校园时光，记忆中最清晰的还是被老师选中参加集训队的那一刻。他在实训课上，做出来的工件比其他学生好，被老师选中参加无锡市技能大赛。他在集训队中接受各种技能和实操的训练。刚开始，他们训练的是钳工项目，所有学员从最基础的锉平面开始练习。即使是这样一个简单的项目，他们也要练一两个月。

刚刚起步时，学员们操作的姿势不标准，加工出来的零件也不合格。于是，他们首要的任务就是矫正姿势。为了学习规范的动作，让自己形成肌肉记忆，马鑫怡坚持每天练习。钳工项目可以说是一项体力活，马鑫怡每天至少练习 6 个小时。他认为自己没有其他学员聪明，于是就比别人更加努力一些。他虚心听从教练的指导，在训练过程中，他一次次地克服困难，调整自己的心态。

终于，在 2013 年的无锡市技能大赛中，马鑫怡获得了学生组二等奖。之后，他又参加了第二届海力士杯技能精英大赛，同样获得了学生组二等奖。在学生时代的经历为马鑫怡日后的工作打下了一定的基础，同时他也明白了一件事——基础越扎实，工作就越容易上手。

初出茅庐

2015 年，刚刚毕业的他在机缘巧合下进入了无锡微研中佳精机科技有限公司。

在这里，马鑫怡接触到了一些他之前见都没有见过的高端机器。他在旁边默默地看着老师傅们操作，看他们是怎样做夹具和编程的。除去白天的工作，马鑫怡还要自学他从未接触过的五轴编程。他从网上找来教程，每天都学到晚上十一二点。

在学习和观察的过程中，马鑫怡注意到一些有趣的细节，比如零件的摆放。这看似细小的一处，在马鑫怡眼中却是非常重要的。用完工具后，很多人都习惯把工具随手一放，再需要用的时候便到处翻找。在之前的比赛中，马鑫怡训练过“摆放”这种细节，这让他在操作过程中比别人多了一份从容自如，由此，他也在这个方面找到了自信。

在工作之余，马鑫怡选择的放松方式不是打游戏，也不是和同事朋友们打牌，他喜欢和父亲出去钓鱼，他是个安静、踏实的人。

出征夺冠

2016 年，马鑫怡代表公司参加第三届江苏省技能状元大赛，他参加的项目是模具设计与制造。该项目需要用数控技术进行制图和编程，配合一定的钳工技术，最后对模具进行注塑和装配，完整地制作出塑料零件。

比赛分为理论考试和实操考试两个部分。不论哪一项，对马鑫怡来说都是一个挑战。在理论知识方面，马鑫怡之前没有学习过；而在实操方面，他只在学校里学过钳工技术，对于铣床和数控加工，他一点儿都不了解。

在所有选手中，马鑫怡年龄最小、资历最浅，他的对手都是获得过省赛名次的专业选手。比赛之前有为期 4 个月的训练期，训练期间有三次淘汰赛，最后只有三分之一的人能够代表无锡市参加省赛。面对残酷的竞争，马鑫怡必须加倍努力学习。

学员们每天的训练时间是从早晨八点到下午三四点，而马鑫怡则从早上六点就开始学习了。在八点钟开始的训练之前，他钻研理论知识；训练开始后，他几乎一整个下午都泡在训练场练习，到晚上八九点才回宿舍。回去以后，他还要继续学习理论，直到十一二点才睡觉，每天只有五六个小时的休息时间。

这样训练了一段时间后，学员们的成绩并不理想。比赛限时是 8 个小时，而学员们花十几个小时都完成不了任务，马鑫怡知道自己要走的路还很长。

封闭式训练期正好是过年期间，朋友圈里的亲戚朋友都在晒自己玩乐的照片，而马鑫怡却一个人待在宿舍学习。外面是下雪天，空调碰巧又坏了，宿舍里非常冷。那时，他想起师傅对他说过的一句话：“成功的路上是孤独的，要耐得住寂寞，才会有一番成就。”他下定决心要拼一拼。

在训练的过程中，有三次淘汰赛。平时，学校也有定期的小考核，马鑫怡的成绩比较靠后，但是他有一个优点——他犯过的错误从不会再犯。因为有这样的经历，在训练的那段时间里，马鑫怡一次次地把自己的问题挑出来，通过练习来改正。他说，每次参加淘汰赛，他都像上战场。多亏了那种不怕落后和不怕失败的心态，他才顺利过关。

终于，比赛日到了。

马鑫怡过五关斩六将，站上了最后的舞台。然而，这一天却发生了意外。在之前的制作流程中，注塑时，一直有专门的师傅帮助学员们调整参数，教练也只要求学员们把模具装配好。但比赛当天，规则发生了变动，选手们需要自己调整注塑时的参数。当时，大家都慌了，因为注塑是另一个模块，和选手们学的内容完全不一样。每个选手只有 10 次机会打制出自己认为最好的产品。马鑫怡在前 8 次的尝试中，每一次打出来的零件都有翻边，不理想。最后只剩下 2 次机会了，他停了下来，让自己冷静了一会儿。幸运的是，他之前关注过注塑，对此并不是一无所知。他仔细思考有哪些因素会造成注塑模块零件翻边。经过调整和排除，他把范围缩小在两个参数上，最后终于成功了。看到理想的成品制作出模的时候，马鑫怡十分激动。

由于比赛突然加大了难度，许多选手的心态都崩了，最终没能通过决赛。好在马鑫怡基本功扎实，平时也积极了解与自己领域相关的知识，这些在关键时刻发挥了作用。在8个小时的比赛中，马鑫怡提前1个小时完成任务，制作出的产品达到了允许的公差。他在第三届江苏技能状元大赛中获得“模具设计与制造”职工组状元，被破格晋升为高级技师，并享受江苏省劳模待遇，也为公司争得了荣誉。

攻克难关

马鑫怡入职后迅速成长，很快成了公司的技术骨干。他在公司里主要负责五轴编程技术。他带领着公司团队，攻克了很多五轴技术上的难关。

微研中佳在2015年底开始进行产品结构转型，从高精度民用产品拓展到军品，这对精度、材质处理、工艺、管理等各方面都提出了更高的要求，公司为此成立了技术攻关小组，马鑫怡担任加工中心班组新品研发负责人。一次，公司承接了某航天项目，需要处理他们从未接触过的铝基碳化硅材质。这种材料轻巧但极脆，卫星上的一些零件就由这种材料制成。客户已在多家供应商进行试制，均告失败。马鑫怡接到试制任务后，每天拿一把刀，在工作台上练习加工这种材料，尝试各种参数。经过多次对加工工艺的摸索以及对加工参数的调整，他终于总结出了一套完备的加工方案，使产品一次成功率达到100%，从而获得了客户的赞誉。由于这种材料很难加工，这次试制的成功给公司带来了很大的利润，同时也为我国航天航空技术的发展做出了贡献。这次任务的完成为微研中佳进一步拓展军工领域业务奠定了基础，公司也成功转型。

作为公司的技术骨干，马鑫怡在获得个人成就的同时，也积极参与公司的人才培养。他带领的五轴技术团队已经有15人左右，整个团队充满了活力。“在数控加工方面，同样铣一个平面，可能很多种加工程序都能得到同样的效果。那时队员们就会相互探讨谁的效果是最好的。”回忆起团队的点滴，马鑫怡很高兴。

带领团队，不光是培养人才，还要汲取众人的智慧。从前，马鑫怡在工作上只靠自己摸索，碰到问题也只能自己想，一个问题可能要想很久。而现在，他可以和队员们一起思考，大家一起营造了共同进步的良好氛围。

目前，国家在高端技术人才上的缺口很大。通过带领团队，马鑫怡觉得，要培养人才，就要共享好的技术。拥有开放性的心态，学会分享，带动大家一起学习，这样每个人就能接触到更多的知识，思路也就能更广阔。

回顾成长之路，马鑫怡从刻苦努力的优秀学员，一路走来，成为微研中佳的技术骨干。他深知成功是没有捷径的，要想成功，唯有不断地学习，要耐得住寂寞，挑战自己，突破自己。

■探究活动总结

马鑫怡代表公司参加第三届江苏省技能状元大赛，那时他刚毕业一年。在别人还在酣睡的清晨，他就早早起来，学习理论知识；晚上结束训练后，他又加班加点地攻克理论，直到十一二点。寂寞，是逃不掉的考验。每一个想要走向成功的人，总要经历一段孤独的奋斗。

我想这就是马鑫怡能够成功的原因。他能够在高手如云的技能大赛中夺魁，成为高级技师，又带领着公司团队突破民用销售的局限，用精密优秀的零件拓展军用供应领域，就是因为他一路走来，遵循了师傅的那句话——成功路上要耐得住寂寞。

中国正在从中国制造转向中国智造，高端技术人才是刚需。虽然人才的缺口还很大，但我们拥有像马专员这样执着付出的技术型人才。他们带动着更多的年轻人，耐得住寂寞，守得住初心，一定能给中国智造带来光明的前景。

指导老师：张雪亚

让实验室里的“青苹果”长成茁壮的“苹果树”

——访华中科技大学无锡研究院张刚博士

口述人：张　刚

整理人：卢久禹　朱宸雨

【导读】 在华中科技大学无锡研究院，邵新宇院士写了这样一段话：我们不仅要将高校实验室的“青苹果”进行产业化，转化成高性能、高可靠性、高性价比的“红苹果”，而且要发展系列化产品、多元化产品，形成“苹果树”，实现从“样品”到“产品”，再到“产业”的过程。而华科大无锡研究院正是“产学研”的典型。

■历史纪实

大院强所、开放办院

2012 年 10 月，华中科技大学与无锡市政府、惠山区政府共同建立了华中科技大学无锡研究院，这是一家依托华中科技大学机械工程学院从事产业技术研发、推动技术转移转化、助推地方创新发展的新型研发机构。

在“大院强所”的理念推动下，经过数年的发展，研究院已经成立了 14 个专业化研究所，孵化出了 10 余家科技公司，有 200 多个固定研发人员从事智能制造技术研发与服务工作。虽然名为华中科大无锡研究院，但是它的人才引进制度却是开放的，“大院强所、开放办院”是研究所的办院原则。正因如此，研究招揽了全国甚至全世界各大高校的人才，为研究院增添了更多方向与可能性，形成了人才集聚的良好效应。人才是创新和发展的本源。在建院之初，惠山区领导曾多次拜访研究院院长，商谈建院事宜；

而作为我们国家智能制造的一面旗帜的丁汉院士也会每月多次来访研究院，讨论近期的工作。地方政府的重视与丁汉院士的名声成功吸引了一批高科技人才，他们组成了研究院的第一批研发团队。这其中就有 2013 年刚刚从上海交通大学毕业的张刚博士，他也是研究院一路成长的亲历者和见证者。

“黎曼机器人”的孵化

2016 年 3 月，研究所丁汉院士和惠山区经济开发区要筹建一个机器人公共服务平台，即一个能为无锡惠山区智能制造企业提供机器人领域技术支持与服务的研发平台，而平台运营需要一个专业化的公司来进行机器人关键技术研发与装备研制。丁汉院士鼓励张刚成立一个机器人公司。当时刚刚工作三年的张刚一直从事的都是科研工作，创办公司于他而言是一个很大的挑战。

张刚回忆道：“平台的起点很高，当时丁院长带着我们一整个团队去德国考察最先进的机器人技术，回来后就定了三个研究方向：一个是机器人视觉，简单讲就是给机器人装上眼睛，让机器人能够看见周边的事物，使它能够精确地抓取物体，就类似于我们戴上合适的眼镜就可以看得更清楚一样。我们要做的就是给机器人做视觉系统，从视觉软件的开发，到视觉装备的研制，到为企业提供整套的设备。第二个是航空航天机器人的加工系统，我们想为航空航天事业做一些事情。第三个是工业物流。定下方向后，我们就开始研发机器人技术，目前已经研发出了一些成熟的技术，并给客户提供了整个装备和服务。”

“平台刚开始只是立足于运营，但是在运营的过程中，我们很快就发现公司的技术很符合当地和周边企业的需求，然后我们的公司就随着平台的建设和推进，一步一步发展起来了。从最初只有几十万的订单，到现在有几千万的订单，‘黎曼机器人’已经成为机器人制造行业中的‘小巨人企业’，得到社会各界的认可。现在公司不仅为惠山企业，也为全国的制造企业提供机器人智能加工装备方面的技术服务与成套设备，具体包括航空航天、汽车部件、家用电器、工业物流四个专业化领域。”张刚的脸上满是自豪的神情。

谈到五年前的第一个大项目，张刚记忆犹新：“在公司创立的第一年，团队与近几十家企业进行沟通，都没有签下一个订单。这时，洛社的中鼎集团向我们抛出了橄榄枝，和我们签订了一个八百万的大项目，为他们在泰国的企业提供整条机型的生产线，做轮胎的视觉导引抓取。签下这个订单时，我们都非常激动，在感谢他们的信任的同时也深感肩上担子的沉重。那时候，公司技术团队的人员很少，只有不到10个人，也没有工人。我们的工程师就亲自上阵，自己画图，自己设计，自己安装调试，用了六个月的时间，攻克了项目所需的各项技术。由于交付地点在泰国，还是一个建在山区中的工厂，空气潮湿，温度又高，现场条件非常艰苦。我们的施工团队历经艰辛终于完成了任务，将视觉导引轮胎搬运机器人成功交付给泰国客户使用。这14套机器人系统是在2017年交付生产的，迄今为止，这些设备依然稳定地在客户的车间里运行。”

随着这个大项目的完工，整个团队都建立起了信心。“我们每年大概有二十多个项目，迄今为止，全部项目均已成功交付。无论是飞机零件，还是轮胎项目，我们全部成功交付给了客户。”张刚经常这样鼓励自己的团队。从技术研发向生产领域转变虽然困难，但齐心协力攻克难关的宝贵经历也转化成了团队继续前行的动力。“虽然德国的许多先进技术有封闭性和前瞻性，但是中国人是很聪明的，只要有时间让我们积累足够的经验，我们一定也能够做得更好、更强！”

张刚对黎曼机器人未来的规划也非常清晰：“我们把所有的业务分成三块。第一块就是目前比较成熟的业务，要考虑如何进行批量化生产，这是能给公司带来稳定业务收入的板块。第二块是目前在做的技术附加值比较高的业务，需要再做一些改进研发，会给公司带来很好的利润空间。第三块业务就是正在布局的前瞻性项目，这些项目现在没有经济效益，但作为机器人行业未来的发展方向，是公司必须攻克的技术难关和潜力股。”

让“青苹果”变成“苹果树”

在华中科技大学无锡研究院，邵新宇院士写了这样一段话：不仅要将高校实验室的“青苹果”进行产业化，转化成高性能、高可靠性、高性价比的“红苹果”，而且要发展系列化产品、多元化产品，形成“苹果树”，实现从“样品”到“产品”，再到“产业”的过程。而华中科大无锡研究院正是“产学研”的典型。

在中试车间，我们看到一台台智能机器正在工作，为数不多的技术人员认真地巡视着。车间主任骄傲地向我们展示了公司的“大宝贝”——C919国产大飞机上的螺旋叶片。乍一看平平无奇，可细听讲解，我们发现其内部之精细。制作之复杂远超想象。智能制造是研究院的优势领域，依托其技术优势，无锡不仅改造升级了一批传统制造企业，还孵化出了很多智能创新企业，促进了区域产业的转型升级。

每年，惠山区都会对相关企业的智能制造进行诊断，这时研究院就会收到这些企业的实际需求，研究院再分类派发给各个研究所。研究所收到这些任务后，会去现场做生产工艺的调研，并针对存在的问题，提出改造方案或智能制造方案，最后生成智能制造职能报告，包括实施方案或改造方案。研究院还会安排项目跟进，帮助企业进行智能制造转型升级。要完成这些常规工作，研究院每年都会往企业跑上百趟。

张刚博士说：“研究院的迅速成长主要得益于“三个好”，这也是我们丁汉院长的总结。第一，我们赶上了一个好的时代。目前我国正处于经济、科技快速发展的阶段。第二，我们来到了一个好地方。研究院的快速发展得益于惠山区历届政府和各个部门的大力支持，我们能安心地做科研、服务企业；在这个地方还有很多企业，这些企业有实际的需求，这些需求就是我们研发的方向。在研发的实践中，我们的技术也不断地完善和成熟。所以说有好的政府支持，有好的企业一起合作，我们研究院才能在这个好地方发展壮大。第三，我们聚集了一批好的人才。现在研究院里，从我的母校上海交大过来的全职博士就有五六个，还有引进的华中科技大学、剑桥大学、斯坦福大学等国内外一流大学的高才生，拥有硕士及以上学历的员工占68%，这些优秀的人才聚集到这里，必然会出成果。”

正是这“三个好”，让张刚博士对研究院的前景充满了希望：“研究院即将进入下一个发展阶段，从创新向创业迈进，打造一两家上市公司，在全国形成华科智造的品牌力量。”

■探究活动总结

通过对张刚博士的采访，我们感悟颇多。张刚博士是一位很优秀的研究人员，从他身上，我们学到了很多。

第一是张刚博士和其团队对项目的责任心。在泰国的项目可谓困难重重——人手少、技术难、条件艰苦等等。这些困难都是项目的绊脚石，必须面对并解决。而张刚博士带领团队克服了这些困难，最后成功交付了项目。我觉得他们的责任心是成功的重要推力。其实，我们在生活、学习中，也要有这份责任心，有了责任心，我们要把责任心转化为学习的动力，高效地完成任务，将自己的潜能充分发挥出来。

第二是张刚博士对我们高中生提的一些建议。“在这个好的时代，你们一定要有抱负和长远的打算，从长远的人生规划来讲，升学只是人生中的一个阶段性的任务。”我很赞同这句话。我们在高中阶段除了认真学习之外，也要尝试寻找自己的兴趣点，对自己的未来有初步的规划，才会更有动力朝着心中的目标去努力、奋斗。

做口述历史不仅仅只是记录历史，我们还能从身边活生生的榜样身上，学到很多优秀的品质，懂得很多人生的道理。

指导老师：张雪亚

守护舌尖上的安全

——访中德生物市场总监孙洪鹏先生

口述人：孙洪鹏

整理人：董一帆　曹源誉

【导读】 在省锡中，有这样一个地方，墙上悬挂着“检验员岗位职责”和《中华人民共和国食品安全法》的条文。每天，餐饮中心的工作人员会将当天的饭菜样本送至这里。之后，检验员们便穿上白大褂开始了日常的食品安全检疫工作。这个地方就是省锡中的“食品检验检疫中心”，这群“白大褂”就是守护学校食品安全的“零零后”检验员。这个检测中心是由无锡中德伯尔生物技术有限公司和省锡中合作搭建的，这家企业的目标是“守护舌尖上的安全”。

■历史纪实

守护舌尖上的安全

中德生物的前身是2002年始创于江西省南昌大学的中德研究院。2007年，李林董事长作为无锡市“530”计划引进人才，在无锡市和惠山区政府强有力的支持下，以精准的战略眼光，把腾飞之地选在无锡惠山，注册成立了无锡中德伯尔生物技术有限公司，成为“530”A类首批企业。2007年，公司与农业部质标所联合起草，制定瘦肉精检测方法行业标准，并向全国推广。2010年，国家科技部、农业部、质检总局等五部委批准成立了“食品安全检测试剂盒装备产业技术创新战略联盟”，中德生物被荐举为第一届理事长单位。2011年，中德生物牵头承担“十二五”国家科技支撑计划——食品安全高新检测技术研究与产品研发。2015年，中德生物研发成功国内首台全自动样品前处理仪，并获得国家专利。这台仪器实现了样本前处理全自动化，解放了人力，提高了效率。2016 年，中德生物登陆新三板，实现资本与实业的跨界整合，踏上了资本市场征程的第一步。2018 年，公司承担国家科技部“十三五”重点专项——“食品安全化学性污染物智能化现场快速检测技术及相关产品研发”。2020 年，公司与江西省农业厅开展战略合作，建设江西省绿色农产品安全网络，植入全新信息化概念。

2020 年 12 月，我们走进中德生物，去了解这家公司。“过量的农药和兽药残留、违法添加的食品添加剂、超标的重金属和有害元素、真菌毒素和病原微生物都会污染食品。而食品安全问题可以追溯到生产、加工、运输、销售、储存等各个环节。面粉中可能存在真菌毒素、吊白块、过氧化苯甲酰、硼砂、滑石粉、二氧化钛；猪肉中可能存在挥发性盐基氮、瘦肉精、呋喃类、四环素、利巴韦林……连我们以为最安全的韭菜居然也可能隐藏着腐霉利、氟虫腈、克百威、毒死蜱、多菌灵、敌敌畏、菊酯类等违法添加剂和超标农药。”产品经理的介绍让我们大吃一惊，原来在我们的食物中有大量的食品添加剂，如果添加过量，或添加了有害的成分，会对人体造成伤害。而中德生物就是一家集食品安全检测试剂仪器与平台于一体的产业化集团公司，通过提供全方案的食品安全防控建立食品安全质量体系，从而守护百姓舌尖上的安全，为食品安全保驾护航。

公司总监孙鸿鹏介绍道：“在检测过程中有几个重要的流程。一开始就是采样，采集完足够的样品后，我们通过相应的仪器来进行检测。在检测过程中，会出现合格或者不合格两种情况。合格的产品，我们会将其传到信息化平台，平台由相关部门监管；不合格的产品，我们要通过仪器来复检，复检之后送去法检。确定是不合格的产品后，我们要把它销毁，销毁前还会留存一个样本。我们会在信息平台上给产品打上二维码，这样检测的产品有据可查，确保老百姓吃得安心，吃得放心。”

食品安全检测行业的“黄埔军校”

在食品安全检测行业中，中德生物被同行称为“黄埔军校”。作为国内最早从事食品安全检测类产品研发生产与销售的重点高新技术企业，中德生物培养了一批又一批食品检测行业中的精英人才。正如孙鸿鹏所说：“任何一个行业，头部企业或者领军企业都要担任起这种人才输送的职能。”

中德生物主要通过社会招聘(领军人才或专业人才)和校园招聘(素质高、有潜力的大学生)来发现合适的人才。为了吸引和留住人才，公司做了以下几个方面的工作：第一是营造平等的氛围，避免沟通障碍，为创新提供一个更好的环境；第二是通过创新推动进步，敢于打破陈规，勇于尝试和承担，推动进步和变革；第三是鼓励员工共同成长，在成就他人的同时，成就自我；第四是引导员工乐于分享，积极融入团队，在合作和分享中共同进步。当然，公司还提供具有竞争力的薪酬。

对于此，孙洪鹏是这样介绍的：“企业的氛围和文化非常重要，建立平等的氛围可以有效避免沟通的障碍，为创新创造提供一个更好的环境。国家一直强调科教兴国，变中国制造为中国创造。企业也一样，科技创新才能推动企业进步，企业要敢于打破常规，勇于尝试和承担，从而推动进步和变革。共同成长和乐于分享也很重要。现在产业升级的速度越来越快，靠单打独斗肯定不行，需要员工群策群力，乐于分享，在成就他人的同时成就自己、成就企业。还有，我们要提供有竞争力的薪酬，通过搭建合理的薪酬体系，吸引和留住人才，让他们安心开展工作，实现企业和人才的双赢。”

打铁还需自身硬

在公司展厅，各种各样的检测仪器一下抓住了大家的眼球。讲解员告诉我们：“这些是瘦肉精类快速检测卡。这些是兽药残留类快速检测试剂。这个大家伙是全自动样品前处理仪，可以保证样本前处理的稳定性及标准性。这是全自动食品安全检测仪，非常精准，还能解放人力、提高效率。如果外出不便，这里还有便携式食品安全综合检测仪。这台手持多功能一体式智能采样仪，能在线接收上级部门发布的采样任务。这台监控仪可以实时监控，发布食安资讯，进行信息公示，特别适合摆放在农贸市场。这是一个安全信息化平台，我们在这块显示屏上可以看到快检结果、统计分析，还能发布任务……”而这些先进的生物检测仪器，正是中德生物引以为傲的产品。

中国有句老话叫“打铁还需自身硬”，科技创新是高科技企业的核心竞争力。在这方面，中德生物依托自身强大的科研实力，按省级标准建设了江苏省食品安全快速检测工程技术研究中心，先后与南京工业大学、江南大学、中国农业大学、中国农业科学院等知名高校和研究院开展深入的产学研合作项目，攻克了食品安全快速检测中的关键技术，如自动化前处理、免疫定性/定量检测技术、多功能检测设备、信息化监控平台等。

如今，中德生物已逐步发展成为江苏省乃至全国食品快检领域具有重大影响力的学术高地、行业产业共性技术的研发基地和产业化推广平台。目前公司已有 100 余项专利，其中发明专利有 20 余项。“这些成就的取得，与平等、创新、成长、分享的企业文化和良好的工作氛围是密不可分的。”

孙洪鹏还向我们介绍了一个产学研的案例——食堂食品安全综合检测及营养膳食数据分析平台的研制项目。这个项目响应了 2019 年由教育部、国家市场监督管理总局、国家卫生健康委员会等部门发布的《学校食品安全与营养健康管理规定》。我们通过试剂、仪器、平台提出了一个一站式食堂安全问题解决方案，协助监管部门有效解决学校食堂因基础条件薄弱、设施设备不完善、管理制度不健全、责任落实不到位、人员专业性不够、培训不到位引发的校园食品安全问题。之后，公司先后在多个省市学校的食堂建设了网络检测室，逐步形成了学校检测、内部管理、外部监管“三位一体”的在线检测平台，为保障学校食品安全提供了技术支撑，让同学们在学校里吃得更安全、更放心。

成功的秘诀与愿景

中德生物在无锡扎根已有十多年，在这十多年间，公司一直在稳健中前行。孙洪鹏向我们介绍了成功的秘诀。

“从客观的角度来讲，随着经济水平的不断提升，人民对食品安全的重视程度越来越高。在经济条件不那么好的时候，大家觉得能吃饱就不错了，但是随着供应食品种类的丰富，大家觉得不但要吃饱、吃好，更要吃得安全。国家日益重视食品安全，并出台政策、法规来规范行业的发展，这在很大程度上扩大了食品安全行业的市场容量。中德生物抓住了这个机会，紧跟行业发展，逐步走到了行业的前列，成为行业的头部企业。”

“首先，公司数年来把主要精力聚焦在研发端和营销端，形成了‘哑铃式’的组织发展架构，在聚焦科技兴企战略的同时，注重销售渠道的建设以及产品品质、售后服务、品牌打造等关键指标的打造与提升。其次，人才资源是企业发展的第一生产力，人才梯队的建立、老带新的团队架构、KPI 的设定与考核等非常关键，公司培养了一批又一批勤奋、专业并且有良好合作意识的人才队伍。第三，在文化建设方面，企业员工应有共同的愿景和目标，当我们建成内耗小、活力大、讲团结的群体时，我们抗御风雨的能力就增强了，我们就有自信在市场竞争中取得更大的胜利。”

谈到中德生物未来的愿景时，孙洪鹏很有信心：“我们的愿景是成为守护人类食品安全的核心力量。我们的使命是持续创新，为客户提供一站式食品安全解决方案。未来，我们希望能为食品安全行业做出更大的贡献，让百姓真正吃得放心。”

■探究活动总结

中德生物是一家研究食品安全检测的公司。在实地走访的过程中，我们首先听了一场精彩而专业的解析报告。中德生物产品部徐辉经理从一个虚拟案例——《我的一日三餐》入手，让我们意识到食品添加剂无处不在。我们也对滥用食品添加剂的危害有了更进一步的认识。之后，我们进行了瘦肉精的检测实验——将猪肉放在试管中煮熟，然后将肉汁滴在检测剂上，非常方便。在实地走访和收集资料的基础上，我们采访了中德生物的总监孙洪鹏先生，对中德生物有了更为深入的了解。这是一次难忘的经历。

一日三餐，餐餐不能少，食品安全关乎所有人的身体健康。社会上的一些不法商户为了个人的利益，违法使用各种各样的食品添加剂，给消费者带来了安全隐患。

中德公司以“守护舌尖上的安全”为初心，不断创新，提升食品检验技术，虽然无法在源头上解决食品安全问题，但可以在这些食品流入市场前把好安全关。正如孙洪鹏先生所说：“多勤奋一点、多有一点担当、多有一点理想，世界才会更美好。”在这里，我们看到了科技人员所付出的努力，也看到了生物科技给人类健康带来的保障。

孙洪鹏先生还分享了自己学习和工作的经历，希望同学们能把“优秀当成一种习惯”。人生没有白走的路，也没有白吃的苦，跨出去的每一步都是未来的基石。

指导老师：张雪亚

国仪量子，为国造仪
——访国仪量子副总裁冯泽东先生

口述人：冯泽东

整理人：王裕萱　张　凯

【导读】 为国造仪，为国家，为人民，也为争一口气。在这个百舸争流的科技时代，所有的一切正激昂向上。在这样的风向下，冯泽东先生带着一颗热忱的心，怀着责任与梦想踏上了时代的巨轮，成为为国造仪的领航员。

■历史纪实

“为国造仪”的初心

冯泽东在求学时就是一位名副其实的学霸。他是清华大学本硕连读的高才生，他所在的清华工物系（工程物理）非常重视学科应用。在这样的氛围和导师的引导下，冯泽东顺理成章地走上了应用研发的道路。毕业后，冯泽东被导师推荐到一家民营仪器公司——中天启明工作，主攻随钻测井仪器的设计和开发。也正是在那里，他亲眼看到了石油开采行业仪器的现状。

那是冯泽东第一次去大庆油田现场。在凛冽的寒风中，一个个如王进喜般的“铁人”在井架上辛苦地工作。他们正在做国产仪器和进口仪器的对比实验。因为国产仪器在实验过程中还存在很多问题，工人们不得不重新换上进口仪器。看到眼前的一幕，冯泽东说：“石油开采行业用的很多仪器都是进口的，价格很高。外国公司拿走了很多利润，石油工人的工作虽然辛苦，但是钱却到不了他们的手上，大头儿都被别人拿走了。”外国仪器高昂的成本和工人的辛劳艰苦深深触动了初入行业的冯泽东，“为国造仪”的种子在他的心里扎了根。

2016 年，国仪量子在合肥成立，这是一家依托中科大中国科学院微观磁共振重点实验室，致力于以量子精密测量和量子计算为核心技术，打造先进仪器产业集群的公司。公司 CEO 贺羽和冯泽东有“为国造仪”的共同目标，共同的志趣让两人成为了事业上的好搭档。

2019 年，清华大学物理系进口的核磁共振仪器出了点问题，需要维修，当时国外的公司要价高达二十多万，清华大学就找国仪量子的科研人员尝试维修。此时，冯泽东正在北京，他和课程组的老师来到现场，很快就完成了仪器的维修。冯泽东说：“整个过程并不是特别复杂，但是国外的公司觉得你不了解仪器，所以漫天要价。因为你在这方面落后，他们就利用这样的弱点，延缓你的整个科研进度。所以，我当时就觉得，国内需要这种高端的科学仪器公司帮助中国的科研工作者解决实验过程中的仪器问题。”

这些经历更加坚定了冯泽东“为国造仪”的决心。“最近几年，国家在高端制造方面的投入很大，部分企业在一些领域实现了与世界先进水平并跑或领跑的目标。但总体上来看，我国目前的技术与世界先进水平相比仍然存在差距。高端科学仪器需要更高的分辨率和更高的精度，先进的量子技术为行业提供了一个换道超车的变革式机遇。目前在量子领域，中国的论文和专利数量位居全球第二位，我国的量子信息技术研究水平也处在世界前列。国内外的量子测量研究都刚从实验室走向市场，国仪量子也进行了数年的产业化应用，大家处于同一起跑线。所以，我们很有信心，国仪量子一定会突破重围，实现弯道超车。”

在无锡“落地生根”

2018 年，国仪量子落户无锡惠山，并建立了无锡量子感知研究所。2020 年，无锡量子感知产业园在惠山区前洲街道正式奠基开工，未来产业园将依托研究所雄厚的科研实力、创新能力和人才团队，立足于研究所成熟技术的产业化发展，以量子精密测量技术为核心，围绕自主创新应用，结合无锡的产业特色和发展需求，重点培育量子感知领域龙头型企业，致力于“园中设计、园内制造”的科学仪器装备产业新模式，构建“中国高端科学仪器装备全产业链园区”。

谈到国仪量子选择无锡惠山的原因，冯泽东说道："一是惠山区政府的政策向科技创新方面做了倾斜。二是我们落户在惠山高铁站周围，发展潜力非常大。此外，我们本来就和无锡的一些单位有合作，包括供应链，一些精密制造的公司、做传感器的公司、做电路的公司都在无锡。我们把研究所、未来的产业园，以及整个产业集群落户在无锡，是因为无锡的制造能力和为科学仪器配套的能力都非常强。综合考虑下来，从政府的政策、未来的发展潜力，还有整个供应链和产业链的配套能力，我们最终选择了这里。"

事实证明，这是一个正确的选择。入驻惠山之后，无锡量子感知研究所发展迅速。据冯泽东介绍："研究所主要做两件事情。一是组建团队。研究所的定位是仪器和传感器的研发，所以要组建电子学、机械、软件、测试等技术方向的研发团队。目前研究所已经有四十多人，且绝大部分都是工程师，研发团队已经建立起来，也成功申报了十多项专利。二是做产品研发。我们主要做两个方面的研发，一是在核磁共振方向，做了随钻核磁共振测井仪，二是做扫描电镜的产品，目前也已经走到了产品应用的阶段。"

"产学研"智慧方案

在冯泽东看来，从国仪量子到量子感知产业园，走的都是"产学研"这条路，将实验室的成果在产学研的实践中落地生根，以实现高新技术的产业化。"我们一直觉得高校里有非常多的科研成果，包括仪器方面，如科大实验室在科学仪器方面做了非常多的研究，但是在做产业化以及商业化的时候，需要一个公司来介入，这个就是产学研。我们国仪量子就是在探索一条在中国比较可行的，从高校到市场的路径，希望能够把产学研路径和平台做好。我们目前在很多方面都和高校老师共同探索，比如我们会在无锡做一个科学仪器的产业化平台，由高校来解决过程中的科学问题和关键技术问题，再由我们公司来解决从原理样机到工程样机再到商品化的路径问题。"

为了促进科研成果落地，量子感知研究所先后成立了几家公司，国仪石油就是其中一家。国仪石油的主要定位是利用研究所在石油行业方面的研究基础，做相关技术的应用和推广，比如随钻核磁仪。国仪石油在2020年成立之后，已经和中石油、中天启明这些国有和民营企业建立了技术合作，做了实际的应用开发业务。未来，它会在石油行业做两个方面的事情：一个是在井下做随钻仪器；另一个是数字岩心，把井下的岩石提上来之后，通过各种精密测量的手段分析岩石，为未来的开采及储存做分析和服务。

冯泽东说道：“国仪量子在未来有一个非常明确的定位，他们要利用自己在量子精密测量方面的一些技术优势带动中国科学仪器行业真正地站起来，真正地把中国的科研仪器和行业做起来。”

量子应用“飞入寻常百姓家”

“其实量子科技并不像大家所想的那么‘高冷’，量子精密测量也会有很多贴近于行业的应用，量子科技也能‘飞入寻常百姓家’。”冯泽东说，“比如钻石传感器，我们最近就在和电力系统做研究，去测输电线上面的电流。输电线的电流是比较难测量的，它本身的电压比较高，工作人员又是在野外操作。我们的钻石传感器测量精度非常高，也可以实现非接触。这是一个比较大的项目，目前国家电网在和我们合作。”

“再举个例子。我们都知道人体有心电，大家每次做体检都会做心电图。我们知道电肯定会产生磁场，因此心电也会产生心磁，而心磁信号可以反映很多人体信息。但是这个信号太小了，差不多只有地磁场的亿分之一那么小。如何来测量这个信号呢？没有特别好的传感器是测不到的。我们用量子传感器去测，用钻石探针去测量心磁，是可以测得到的，而且可以做精确的定位。精确定位就是指我们可以用量子传感器来分析数据。现在分析冠心病只能做冠脉造影，冠脉造影本身存在副作用。它有辐射，人们要服用造影剂，对人体也有一定影响。如果我们用量子传感器去测量，就可以准确定位，而且就在体外做测量，这就是一个非常好的应用。除此之外，做人体心脏搭桥和支架的冠心病病人在做复测的时候非常困难，因为体内有金属，我们如果用 NV，用测心磁的方法去测，就可以解决这个难题。这也是目前一个很好的应用方向。”

听了冯泽东的介绍，我们发现量子应用的范围比想象中要广泛很多，电镜检测也是一个应用方向。在抗击新冠疫情期间，口罩成了大家工作出行必备的防护用品，但有一些不法商家将劣质或者“三无”口罩投入市场。这时，国仪量子就可以使用电镜技术来分辨真假口罩。跟传统检测相比，电镜检测时间短，效率也高。冯泽东说：“我们这个电镜拍照片，一般一两个小时就把照片拍出来了，而且可以作出初步判断，效率得到了提高。这种快速检测的技术，可以帮助质监部门维持口罩市场的秩序。”这样的例子还有很多。

量子计算课程进入中小学

2020年12月22日，一堂“量子计算理论与实验”课在江苏省锡山高级中学正式开课，标志着量子计算这项世界前沿科技正式进入我国中小学课堂。

谈到这件事情，冯泽东有些激动，他说：“量子科技现在非常热门，又非常前沿。我们知道量子科技是一个新兴的行业，对于这个行业来说，真正理解它、认识它的人不多，真正能够参与到这个行业里的人就更少了。所以我们公司一直坚持‘推动整个行业发展’的理念，我们一直觉得在量子教育方面有非常多值得我们去做的事情。”

“首先是要给更多的民众去做科普。因为很多人不了解量子科技，经常会有人说量子能包治百病，也有些人认为量子就是一个骗局。这两种极端的看法，很容易导致社会对整个量子行业产生误解，所以我们有科普的责任和义务。”

在科普的同时，我们更要致力于为量子行业培养人才。冯泽东说：“在量子科技教育这个方向，我们首先和高校合作，在几十所高校开了量子计算课程。然后在这个基础上，我们又把它推广到了中学。量子计算理论与实验课程主要包括量子计算的基础理论、发展历史以及部分实验探究，如连续波实验、拉比振荡实验、回波实验、T2实验、DJ实验等，可以让同学们体验量子计算与普通计算的不同之处，探索量子计算在新药研究、大数据算法、密码破解等领域的应用。和省锡中合作开办的课程，我们的出发点是希望能够比较早地培养起大家对这个行业的兴趣，让更多的学生能够接触和了解量子科技，并根据自己的兴趣投身到这个行业里来，成为这个行业里很重要的人才。这是我们非常想看到的一个结果。”

“目前国际上对量子科技的投入都非常大，如美国、欧洲、日本等。我们如果想要把握住这个新机会，就需要大量的人才，特别是既懂得量子科技，又懂得应用的人才。”冯泽东坚定地说，“我们在量子科普和教育方面投入了很多的精力，专门成立了一家量子科技教育公司，就是希望为这个行业吸引更多的人才，不管是中学生还是大学生，希望大家都能对这个行业产生兴趣，并能投入进来，这也是我们作为量子科技行业应该承担的责任。”

量子科技前景光明

以“第二次量子革命”为代表的新一轮科技革命和产业变革正在兴起。而国家“十四五”规划和2035年远景目标提出，要把科技自立自强作为国家发展的战略支撑，瞄准量子信息等前沿领域，实施一批具有前瞻性、战略性的国家重大科技项目。2020年10月，中央政治局就量子科技研究和应用前景举行了第二十四次集体学习。习近平总书记指出，要充分认识推动量子科技发展的重要性和紧迫性，加强量子科技发展战略谋划和系统布局，把握大趋势，下好先手棋。在这样的大背景下，冯泽东对量子科技前景十分看好。

“十九大之后，国家有非常明显地向科创方面倾斜和转型的趋势，像国仪量子这样科创属性非常强的公司，在各个市场都特别受欢迎，迎来了行业非常好的增长机会，我们要充分把握好这个机会。”谈及国仪量子的未来，冯泽东非常有信心，“国仪量子的上限非常高。首先，从基础上来说，国仪有非常好的技术来源，就是科大的科研成果。其次国仪有相对完整和专业的管理以及技术团队。还有整个公司的理念，我们一直提倡为国造仪，解决在科研中遇到的真正的技术问题。在这个过程之中，我们得到了非常多的资源和支持。”

在未来，国仪量子有一个非常明确的定位，就是要成为中国科学仪器的行业龙头以及量子科技应用的领航者。

■探究活动总结

看到冯泽东先生的时候，我便觉得他和我想象中的“精英人士”不大一样，他穿着一身休闲装，非常有亲和力。访谈过程中，冯泽东先生谈吐谦和，思维敏捷，他的远大志向更让我们钦佩不已。“在这样一个科技创新的时代，我们究竟该如何选择？为何这样选择？”这是我采访冯泽东先生时最大的疑问。现在我知道了，“为国造仪”就是他和公司的初衷与坚守。这个“国”不仅是国家，还有国民。我们创新科技，是为国为民创造更美好的未来。

“我们需要找到一个适合自己的方向和目标去努力。 比如我们选择了量子精密测量加科学仪器这样一个方向，对这个行业的热爱可以支持我们走很久。 希望大家在学习和成长的过程中，也能找到自己感兴趣的方向，并且能够投入全部的精力，甚至整个职业生涯去做这件事情，这将是非常有意义的。 我也希望大家在成长的过程中可以看得更远，了解世界科技的发展趋势，了解国家发展的趋势，然后跟随着世界科技的发展，跟随着国家经济和产业的发展，就像十九届五中全会提到的，我们要到经济主战场去，要到世界前沿去，沿着这样的方向去做我们应该做的事情。”

这是冯泽东先生对我们的期待，也是我们努力的方向。 让我们找到自己为之奋斗的目标，并一步一步踏出坚实的脚步吧。

指导老师:张雪亚

传承匠心，追寻新生

——访脚踏糕第四代非遗传承人沈静娟女士

口述人：沈静娟

整理人：张　云

【导读】 采自高山的玫瑰，摘自天津的山楂，采自金秋的桂花……宏凤脚踏糕的选材甚是用心，只做当季的食材。这是对这项技艺的尊重，亦是对顾客的尊重，更是匠心的体现。

“宏”“凤”两字取自年糕坊创始人沈志宏和李华凤之名，他们制作的脚踏糕秉承了上百年的传统技艺，到沈家姐妹这儿已是第四代。妹妹沈静娟在而立之年放弃了天津的“铁饭碗”，毅然回到自己的家乡——无锡玉祁，和姐姐沈静亚一起端起了父母的“泥饭碗”。她们传承匠心，追寻“新生”，让传统食品脚踏糕焕发出新的生命力。

■历史纪实

脚踏糕的“庐山真面目”

脚踏糕确实如它的名字所述，是用脚踏出来的。但并非如很多人想的那样，它的整个制作过程安全而卫生，只是因为在制作过程中需要借助脚力踩踏完成，才得名脚踏糕。

做脚踏糕是很讲究的。以前的老作坊只在立春前做糕，那时候老百姓用的水是井水或者河水。用老话说，立春之后万物复苏，水里面的微生物也都成活了，我们再用水洗米，做出来的糕容易发霉。所以老百姓每年都会在寒冬腊月里做糕，号称用的是“腊水”。

做糕的各个环节都有讲究。先要洗米。洗米之前要配好大米和糯米的比例，宏凤的配比是 7∶3，就是七成的糯米、三成的大米。协调好配比后就要洗米，之后浸泡。浸泡的时间要根据温度、湿度、蒸发量的不同而改变。在冬天，我（沈静娟）米洗好之后浸泡 40 分钟，然后沥干，再放上 3—5 个小时甚至一夜。然后磨粉，磨粉就是用石磨把粉磨细。之后绣粉，绣粉就是在磨好的粉里加入一些水、糖、红豆、南瓜或麦汁等各种各样的料，把粗的颗粒拿掉，剩下细的。绣完的粉就可以放到蒸锅上蒸制。

脚踏糕蒸制的过程跟宁波年糕或其他年糕都不太一样。做宁波年糕，把粉倒进锅里，盖上锅盖就好了。但做脚踏糕不同，因为糯米含量比较高，我们需要一层一层地撒粉，撒到最后蒸熟了，再开始踩踏。踩踏时，用一个长方形的模具，在里面铺上布，盖几层塑料纸，把蒸好的糕倒在这个模具里面，包好之后，再在上面放一个厚草垫子，人站在上面来回地踩踏。最后把它搬到桌子上，先分成两大块，然后再用一根麻线切割成小块。

整个制作流程说起来简单，但真要把糕做好是很难的。我的姐姐从 12 岁开始就跟着爸爸学。她学得比较好。我们工厂里的工人严格按照我们提供的原料和流程是能做出来的，但如果去老作坊制作，就很难了。在老作坊里，人们用老街坊带来的百家米做蒸糕，不同的米，制作工艺都有微妙的不同，能在老作坊里把百家糕蒸好的，就只有我的姐姐和我的爸爸、妈妈。我的爸爸和姐姐拿到米粉，只要用手一摸，大概就能知道它的配比了。

在我小的时候，老作坊里还没有冰箱，这边大糕刚做出来，热气腾腾的，妈妈紧接着就把炉灶里面烧的秸秆啊、稻草啊，就是草木灰，倒在盆里，把新鲜做好的糕一块一块切好了直接往草木灰里面扔，那么漂亮的糕扔在里面都变黑了。我小时候很不理解，就问我妈：“糕扔在里面太脏了吧，本来可以吃的，扔在里面谁还要吃呀？脏兮兮的。”我妈告诉我，草木灰是杀菌的，而且热的糕本身很黏，草木灰把它的六个面都裹得严严实实的，它就没办法跟空气接触了。等到你要吃的时候把它拿出来放进水里一涮，就涮得干干净净，还跟新鲜的一样。还有一种办法就是先把糕放凉，之后将其全部泡在井水里，隔三岔五换一锅水，糕就被密封在水里，也能存放一段时间。

江南人的糕团文化的背后是中国传统的农耕文化。俗话说南稻北麦，北方人喜欢吃面食，南方人主要吃稻米。无锡人偏爱精细的食物，用糯米做出来的糕点质地特别细腻软糯，深受当地人的喜爱。所以无锡人对糕团、脚踏糕的这种情怀，是跟中国的农耕文明紧密结合的。而且，年糕的

“糕”谐音为“高”，意味着步步高升；糕一般为黄色，意味着飞黄腾达、财源滚滚；年糕又很有黏性，意味着一家人团团圆圆，这些都寄寓了人们对美好生活的期盼与向往。所以，人们不光是春节、重阳节有吃糕的习惯，在江南一带，结婚、祝寿、上梁等喜事都会吃糕。

“姐妹花”的传承与创新

读完研究生，在天津有了稳定的工作，我组建了幸福的家庭。当时我也觉得生活就应该是这样过的。后来有幸和国学结缘，我就一直读国学经典，又在天津办了一个国学书院，一办就是好几年。在创办书院的过程中，我感觉自己慢慢找到了人生方向，我应该去做一些自己内心真正想要做的事情，所以就想到了家里已经传承了三代的脚踏糕技艺。如果把脚踏糕跟传统文化相结合，是不是可以做出一些更有意义、更有价值的事情呢？

我当时办的书院是公益性质的，我每个月的工资基本上都被投了进去。后来随着书院的壮大，工资已经不够用了，没办法继续运营下去。为了更好地传承国学经典文化，我想到了我们家里传承了三代的脚踏糕技艺。脚踏糕在我父母这辈，还是用传统的方式在做，作为第四代传承人，我也许能用一种新的方式来更好地传承和发展它。

一开始，我的父母是坚决反对的。因为他们没上过学，最大的心愿就是希望我能学有所成，有一份轻松、安稳的工作。所以当我跟先生都辞去了很好的工作，回到无锡来创业时，他们是非常反对的。但我想实现自我价值，也不肯让步。我和父母的关系一度比较紧张。后来随着宏凤年糕的不断成长，还有我自己的不断成长，我逐渐理解了父母的苦衷，父母也理解了我的想法，慢慢地，这种隔阂也化解了。

在我小的时候，家里人做的是加工年糕的生意，每到快过年时就是最忙的时候，每天要忙 18 个小时，早上 4 点起来，一直忙到深夜，真的很辛苦。小时候，我的节假日就是每天 5 点被叫起来做糕。我到现在都没有睡懒觉的习惯，可能就是那时候养成的早起习惯。那时候的条件没有现在好，我们在做糕的时候，糯米放得少，要花很大的力气踩，一条糕得踩半小时。一天下来，我晚上睡觉的时候浑身酸痛，想翻个身都难。我清楚地记得有一年，买蒸糕的号码从 1 号排到 200 号，每个人都要带一两百斤的米来，真是想想都崩溃。那个时候，我一看到来买蒸糕的人就生气，跟他们吵架，让他们到别家去蒸。后来有一次下大雪，积雪没过了膝盖，我跟姐姐别提多高兴了，想着今天肯定没人来买蒸糕了。没想到，有个人用扁担挑了两袋米，走了两个小时的路赶来。当时，我们很郁闷，想知道到底有什么魔力能够让他在这样的天气还要来蒸糕。

父母一直很辛苦，我也一直想改善家里的生活。我的妈妈因为腰椎出了问题，去上海做了一次大手术。如果再这样下去，她后半辈子都要在医院度过了。我的姐姐也一样，她掌管了老作坊所有的业务，每天要做18—20个小时的糕，一天也睡不了三四个小时，这样下去身体都垮了。所以我一直想用我的方式来改变这种状况，把脚踏糕以一种新的方式传承下去。

后来我就趁着冬天放假回家过年的时候，跟我爸说，我要去卖糕。我爸坚决不同意，他说："卖糕卖糕，谁买糕啊？人家有米送来加工，干吗要买你的糕啊，买糕肯定贵啊！你肯定卖不出去的！"我从小比较倔，比较有主见，我就说："你们不用管我，我就自己去卖，我自己去弄。"然后我就把糕切成一小块、一小块的，把糕都包好了，跑到横山桥的菜市场，给卖猪的、卖菜的商贩免费品尝，问问我们家做的糕怎么样，相当于做了一个市场调研。

从那以后，我每天都出门。早上五六点钟，我就包好热的糕出去卖。看到村上的老人家，就发给他们免费尝，问他们味道如何。后来，我发现这样做的效率太低了。于是，我就到横山桥的街上，摆了个小摊，现场煎年糕，让大家吃，他们觉得好吃，就买。我还到处发传单，找人特别多的地方去发，比如跳广场舞的地方。因为这个事情，我家对门的叔叔还跟我爸说："哎呀，你说读个研究生回来还发传单，还干这个事！"这让我爸觉得很没面子。我就安慰他："咱又没去抢、没去偷，有什么丢人的？"后来我就换个别的方式继续干。

我开始攻市场。我记得第一个"攻克"的是横山桥的农贸市场，那边有很多老奶奶在门口卖针线。我就说："我把糕放在你这边，你每卖掉一条，我就给你一部分提成，你要卖不掉，就把糕退给我。"老太太们很固执，觉得这个糕肯定没人要。后来我就找了一个年轻一点的妇女，把她说动了："我把这条糕给你，成本5块钱，你卖8块钱，一条糕你就赚3块钱，你卖便宜点，也能赚2块钱。假设你一天卖掉50条糕，就能赚100块钱。你卖掉就给我付货款，你卖不掉就全部退给我，你又没损失对吧？你总归要看着你的摊位的，对不对？"没想到她第一天就赚了100多块。旁边的老太太们看着眼红了，纷纷问我要糕。我跟我先生两个人骑着一个"小毛驴"去桥上送货。那座桥特别高，我们还下来推车。我回来的第一年卖了 2 000 多斤的糕。

但过了那个冬天，我又回天津上班了。虽然我不在家，但大家都知道我们家有糕卖，就纷纷找到老作坊来买糕。现在生活条件好了，大家嫌麻烦，不愿意为了省一点小钱带米来加工，都是直接买现成的年糕带走，家里的生意做得越来越好了。

我爸一开始只做白糖糕和红糖糕。我说，你要做各种颜色的，比如南瓜糕、红豆糕。我爸那时候很反感，他认为做一种糕就好了，做五颜六色的太麻烦了。我说，本来人家只要买一条糕的，你做五颜六色的，销量就变大了。后来我们又做礼盒。我是学园林设计的，就自己画了一个盒子，里面放 16 条糕，这样客人送出去也有面子。后来，我发现红箱子比黄箱子喜庆，卖得更好，就专做红色礼盒，请了专人来设计。就是在这样的实践过程中，我不断感受市场的变化，一步一步根据需求、市场不断改进，路就越走越宽了。

从内心来讲，我一直很坚定地认为，传统食品是有市场基础的。比如脚踏糕，其实它的市场基础是非常好的，为什么？因为传统食品是一代一代延续下来的，我们的祖辈们都是吃着传统食品长大的，这种根基一直都在。只是后来产品的口味、外观、品种、包装各方面做得无法满足当下年轻人的需求，慢慢就过时了。

如果我们在传承和创新这两个点上，都能够把“文章”做足的话，传统食品在每一代都能焕发出新的生命力。在我父母那一代，很多人会认为脚踏糕只有白水糕和白糖糕。到了我这一代，我会先收集客户的需求，再对产品进行创新。现在我们的脚踏糕品种非常多，五颜六色。我们每季还会推出限定款，一年四季下来，我们的品种多达五六十种，可以满足不同人的需求。有了坚实的市场基础，它怎么可能没有生命力呢？

同时，我们的选材也非常精细、用心。我们会选取当季的新鲜食材来制作脚踏糕，真材实料，不含添加剂。我们在研发每一种口味的年糕时，为了达到最佳的口感，都要反复试验，寻求最好的配比。比如做芝麻糕，芝麻本身是有点涩的，又比较干，因此糯米含量要高一些，这样整体的口感会比较适中。再比如做麦汁糕，麦苗汁本身有糯性，大米要多放一点，不然就会不成型。还有八宝年糕，放了核桃啊、红枣啊，配比又不一样了。冬天和夏天的配比不同，浸泡的时间等都要调整。有的人说，我知道了你的配比，那我也可以回去做糕了。不是那么简单的，是需要下功夫的。我们一直在研究脚踏糕，再加上手艺的传承，才有了今天宏凤脚踏糕的品质。

另外，我们也采用了“互联网+”的经营模式，通过网络直播、参加综艺节目、经营微信公众号等方式做线上宣传和推广。我们还申报了非物质文化遗产，并走进敬老院、学校、社区做活动，举办“老少同乐过重阳”“传统民俗中国年”等活动，以糕为“媒”，传播传统文化。去年，我们还聘请了专家顾问来改进运营和管理，向现代化方向转型发展。现在，我们已经有 2 000 平方米的现代工厂和十几个有经验的工人，成立了自己的文化公司和食品公司。

创业路上的“酸甜苦辣”

谈到我的创业历程，我第一个想到的是创业给我带来的惊喜。因为脚踏糕，我结识了非常多有爱的人。很多人喜欢我们的脚踏糕，尤其是离开无锡很多年的老人，他们会一直想念家乡的味道。他们在互联网上意外发现在我们的店铺能够买到纯正的无锡味道之后，经常会通过微信啊、电话啊，来向我们表达内心的欣喜和感谢，倾诉以前在无锡的时候跟家人、朋友一起制作脚踏糕的儿时回忆。当他们在跟你分享的时候，你会觉得，做这件事情真的非常有意义、有价值。

去年，我结识了一位四五十岁的阿姨，她偶然在网上发现了我家的店铺，就抱着试一试的心态买了几块寄给远在北京的九十多岁的老父亲。他父亲年轻的时候就去了北京，在北京发展事业，回无锡的次数很少。老人家最大的愿望就是能吃到儿时正宗的脚踏糕，当他吃的时候，眼泪哗哗地掉下来了。后来，这位阿姨为了这件事给我打了一个多小时的电话，还讲了很多父亲儿时的回忆。虽然那位阿姨现在已经在美国定居了，但每年的春节、端午和重阳，她还是会从我这边采购脚踏糕。我会帮她切好、分装好，寄到她父亲的家中。

后来，我们上了湖南卫视的节目，收到了很好的效果。之后，我参观了长沙的臭豆腐博物馆，考察了长沙一条街上的奶茶店，叫茶颜悦色。不到 1 千米的街上居然开了 16 家店，而且每家店门口都排长队。我非常好奇！我后来发现，茶颜悦色是一家连锁的文创奶茶店，每一家店都对标一种中国传统文化，比如雕刻、年画、剪纸等。每家店都有一个非遗主题，把中国传统文化跟当代年轻人的审美相结合。

所以，我的创业收获是很大的，我在创业中越挫越勇，内心也变得越来越强大。

创业这么多年，对于家人，我非常感恩，尤其是我的父母。我跟姐姐一起创业，依靠的是父母几十年默默地坚守和他们创下的口碑。在创业的这五年中，父母虽然有时候会表达一些不满，但我们清楚地知道，他们一直在背后默默地为我们做很多事情，默默地支持着我们。

还有我自己的小家，比如我的先生，为了帮我实现梦想，毅然辞去了自己的工作，和我一起来到了无锡。我的大儿子也换了学校，跟着我们来到这里。说实话，我是一个不称职的妈妈，几乎都没有时间陪伴孩子。学校里、生活上的事情基本要靠他自己完成。他还反过来安慰我：“妈妈，我长大了，你放心做你自己的事情，我可以管好我的学习。”所以，我也很感谢我的儿子，他特别支持妈妈去完成自己的梦想。

“梦想的大树”已长成

现在，我们公司有 20 多人，每个成员都有自己的“糕糕昵称”。我给自己取名叫“麦糕糕”，因为我是负责销售的，麦汁糕是我们家最经典的一款糕，我也是我们家最经典的“灵魂人物”。我的姐姐是大当家，就叫“糕壹点”，我们公司也叫“糕壹点食品有限公司”。我的先生叫“运糕糕”，他刚开始回来创业时是负责运输的，而我回来创业也得益于他的大力支持，是他给我带来了好运。我们还有糕小燕、糕小九、糕小 Q、糕小糯……

我们对宏凤的未来是有规划的。未来，我们会依托脚踏糕这一载体，把更多的糕团文化、传统文化，包括非遗项目联结起来，开发一个平台，然后借助这个平台能够更好地把中国的优秀传统文化传承下去。

在我看来，如果你有梦想，还能为之不断地奋斗，去实现你的梦想，是一件非常幸福的事情。

■探究活动总结

年糕，“糕”谐音“高”，意味着步步高升。软糯的年糕里寄寓着人们对美好生活的期盼与向往。

宏凤年糕坊是一个传承江南脚踏糕制作工艺，弘扬江南传统糕点文化的品牌。脚踏糕作为一种有着近六百年历史的传统食品，其本身是传统文化的沉淀，也是传统文化的载体。可以说，文化就是传统食品的灵魂。沈静娟女士将传统文化与脚踏糕紧密结合在一起，赋予脚踏糕新的生命。

沈女士是一位非常热爱国学的人。她在天津工作时，便拿出了自己的大部分积蓄与其他几位妈妈一起创办了乐学公益书屋，让更多的孩子爱上国学。她受到“90后”的影响，决定放下自己稳定的工作，踏上了追寻自我价值的梦想之路——回乡创业。她说，我回来创业，不是为了赚多少钱，而是为了做好一件事，完成自己的梦想。选择一份职业，不在于它有多么高的社会地位，有多么高的报酬，而在于我们认同它的意义。尽管创业路上遍布荆棘，但沈女士仍咬着牙坚持下来。

宏凤脚踏糕有古法配方，糕点用一定比例的糯米和大米配比而成，通过浸泡、磨粉、蒸煮、踩踏，切割成形。在工业化生产盛行的今天，为了保持脚踏糕的口感不变，宏凤脚踏糕仍然坚持保留手工制作工艺流程中的精髓步骤。这很难得。将古老的工艺融入新的技术，给传统脚踏糕注入新的生命力，让非遗技艺得到更好的传承，这是匠心的体现。采自高山的玫瑰、摘自天津的山楂、采自金秋的桂花……宏凤脚踏糕的选材甚是用心，选取每个季节的特色食材，这是对这项技艺的尊重，亦是对顾客的尊重，更是匠心的体现。

沈静娟女士研发了许多种口味不同的年糕，并赋予它们美好的寓意，希望能给顾客带去祝福。沈女士在企业管理方面也做了创新。她一改父母之前的雇佣方式，对于业务骨干，她采取合伙人模式。她经常带领公司中层员工一起学习企业管理方法，还会定期组织员工开展各种有趣的团建活动。她认为：管理的核心价值是激活自己，激活每一个员工，才能发挥团队的价值。沈女士专门聘请了上海迪士尼乐园的财务总监做顾问，请他定期给员工培训。除此之外，沈女士还采用“互联网+”的经营模式，通过网络直播、参加综艺节目、经营微信公众号等将宏凤年糕推广到更远的地方。

宏凤年糕坚守祖传的手艺，守住传承之心，把这块江南文化糕做深、做透。愿将来能有更多的企业投身于对传统文化的传承与创新之中，跟着时代的步伐，将我国的传统文化发扬光大。

指导老师：张雪亚

互联网时代的“新桃农”
——访桃博士水蜜桃专业合作社理事长恽晶慧先生

口述人：恽晶慧
整理人：张云霞

【导读】 阳山水蜜桃是江苏省无锡市的特产。阳山水蜜桃果形大、色泽美，皮韧易剥、香气浓郁，汁多味甜、入口即化。恽晶慧先生在毕业以后回到家乡，做起了新农民，将电商行业与传统农业融合，带着家乡产业、家乡文化，冲出江苏，走向世界。当我走进阳山，迈入桃林，闻到的是空气中泥土和青草的芬芳，看见的是恽先生在桃树间的身影。我想他是注定属于脚下这片土地的，注定与自然一生为伴……

■历史纪实

阳山水蜜桃有近百年的种植历史，特别是改革开放以后，伴随着苏南模式的经济发展，它已经成为知名的地标性农产品。阳山水蜜桃为什么会有这么高的知名度呢？首先，它的形、味、色俱佳，富含多种营养成分；其次，它的皮特别容易剥；第三，它的口感特别好。经过几代桃农的努力，阳山水蜜桃的品质越来越好，是自家品尝和馈赠亲友的上选佳品。无论是阳山水蜜桃本身的品质，还是阳山的物流运输能力，都能得到顾客的认可。

志之所趋，无远弗届

我（恽晶慧）是2001年进入省锡中求学的。在省锡中的这三年，应该说是我整个学习生涯中最精彩的时光。在这里，我不仅学到了知识，培养了能力，还变得更加自信。这种自信给我的学习和工作带来了很多帮助。

我大学本科毕业后，在北京和上海各待了一年，都从事电商工作。那时候的电商都是和电子产品相关的。做了两年以后，我发现这个方向并不适合我。

我于 2011 年回到无锡成家，当时还没有考虑过要扎根家乡做一些事。一个比较偶然的机会，我的老丈人——咱们阳山中学当时没有退休的一个数学老师，说到了我们家乡的水蜜桃。他希望通过年轻人的思维，通过互联网把它卖出去。我茅塞顿开。我们这一辈因为从小在城镇长大，对农村没有特别多的感情，也没有参加过农忙，没有跟泥土打过交道。但是我老丈人当时说了这么一句话以后，我看到了农业发展的新火光。从农民的角度来讲，他们缺乏互联网意识；从互联网人的角度来讲，他们很少到农村来，干苦累的农活。我恰好有一点互联网的经验，又背靠家乡，两者合一。

创业开始时，我只有一台电脑、一张桌子。后来，我找了同学一起创业，变成三台电脑、三张桌子、三个人。我们慢慢有了规模，也得到了当地政府的支持，自己承包了土地，建起了阳山第一个标准的客服中心、第一条专业的水蜜桃分拣和包装发货流水线。经过一段时间的发展，我们成立了“桃博士”水蜜桃专业合作社，带动了阳山整个水蜜桃产业的互联网产销。

在我创业初期，我的父母也因为我从事农业而产生了一些失落感。我每天开车到阳山，和老丈人把亲戚的桃子都整理好以后，再开回洛社打包，通过顺丰发出去。那时候，没有人帮我，我就请我妈帮我装桃子。我妈不经意间说，培养我成为大学生，我最终却在家里面卖桃子了。当时我父母并没有意识到，是农业给了我们这代人机会。因为传统的工业、服务业都已经达到了相对饱和的状态，给我们 80 后留下的机会其实并不多，反而是农业这种相对来说投资回报比较长的行业，有新的转机。

创业第二年，我决定成立一个公司。我的丈母娘是土生土长的阳山人，她说：“人家传统行业做了几十年的桃子，都没有成立一个公司，你就做了一年，折腾什么新花样呢？”其实，我们是经过慎重考虑之后，才决定注册“桃博士”这个商标的。

我第一年在淘宝上卖桃子的时候，整个平台只有三家店卖阳山水蜜桃。当时物流公司顺丰是不收桃子的，阳山水蜜桃容易烂，会影响其他的包裹。我当时硬着头皮，跟顺丰小哥保证自己一定包装好，而且不需要他赔。我们也是改进了很多次包装才成功将桃子寄出。那时候，每天的顺丰寄递费用就已经达到四五千块钱，甚至连顺丰小哥都觉得这是未来行业的发展方向。从那时起，顺丰就开始和我们独家合作，做阳山水蜜桃的寄递服务工作。当时在阳山真正从事电商的人，可能用十根手指头都数得过来。但是到去年为止，整个阳山的寄递量达到了 1.7 个亿。

我第一年只是在淘宝上卖水蜜桃。第二年，我的思路就打开了。只靠自己把桃子卖出去是很困难的，我需要以公司的名义，创建团队和品牌价值，这样才能把产品做出去，才能做得更大更强。所以我成立了一个公司，从那时候起，我就在不断地考虑如何实现产品的品牌化。

我因为老丈人的一句话——希望阳山水蜜桃能走到更远、更广阔的消费者手中，才下定决心创业。阳山水蜜桃是一种特别的农产品，它诞生于我们经济非常发达的鱼米之乡——江苏。特别是改革开放以后，经济高速发展，阳山水蜜桃变成了一种非常好的商务馈赠的佳品。江浙沪地区的人们，尤其是无锡人和上海人，对阳山水蜜桃的情感非常深厚，就像对阳澄湖大闸蟹一样，大家的接受度都非常高。阳山水蜜桃的水分特别多，因此很难运输。很多人为了表达自己的一片心意，只得自己提着水蜜桃乘飞机、坐火车，把它们送到远方亲朋好友的手中。

随着物流行业的发展壮大，我们可以通过物流把水蜜桃送到千家万户手中。为了确保新鲜度，我们当时还提出了一个理念叫“当日采摘，次日送达”。今天果子还在树上，明天就来到了客户的手中。我们通过和顺丰、邮政、联邦快递，还有一些专属的生鲜物流供应链合作，实现新鲜送达。现在，我们对一线城市、省会城市都已经能做到次日达。这就解决了我们传统水蜜桃保存和运输的一个难题。

如切如磋，如琢如磨

我们从 2011 年开始创业，到今年正好是第十一年。去年，我们做了一个小专题，回顾了合作社十年的发展。我们期望“桃博士”能在未来的二十年、三十年持续发展下去。在第一个十年，我们从 C2C 模式做起，也就是个人到个人；到 B2C 模式，就是从公司到个人；再慢慢发展到现在以 B2B 为主，也就是公司对公司。

在各级政府的关怀和带领下，阳山水蜜桃现在的知名度已经非常高了。阳山已经形成了一种全民创业、全民做电商的氛围。家家户户都通过互联网做阳山水蜜桃的销售工作，其间也出现了不少龙头企业。我们的方向是继续做好 B2B 模式，不去跟 C2C 市场竞争，我们重点做平台的开发。比如，我们和中国邮政这样的全国产销体系平台合作，通过类似蜘蛛网的分销渠道，把我们的产品更好地送到有购买需求的客户手中。接下来，我们会更加紧密地深化和大平台、大渠道的合作，也希望能带动周边更多的农民致富，带动家乡的振兴。这就是我们下一个十年的愿景。

投我以桃，报之以李

我觉得作为青农一代的代表，更多的使命还是履行青年担当。我在创业初期，正好是共青团工作的重点帮扶对象，我得到了很多关怀。这十年间一路走来，我也逐渐承担起共青团赋予的职责。作为江苏省农业界别的青联常委和无锡市农业界别的青联副主席，我经常把无锡的青农聚在一起，组织活动，探讨将来的发展。虽然我们自身不在种植的一线，但是为了将产品能更好地卖出去，更大限度地提高产品的附加值，使我们的产品走得更远，我们需要思考如何把自己的产品做得更好，如何带动周边农民致富等问题，在交流探讨中碰撞出思维的火花。

我也在无锡市青商会担任副秘书长。这几天，我们正要去福利院看望儿童，帮他们做一些力所能及的事。我们也去慰问了抗击疫情一线的医务人员和交警，捐献了物资。我认为自己在发展的过程中，还应该更多地回报社会。

共青团也在不断引导我们年轻人走向农村。中国是一个人口大国、农业大国，如果能有更多的年轻人愿意回到自己的家乡，以新的形式发展农业，这将是新中国在新时代的新机遇。

■探究活动总结

恽先生希望我们青少年能说好乡音，立足家乡，同时也能学好外语，走出国门。第二语言的学习有助于我们将产品推向世界。他还提到，要多走出去看看，世界能给我们无限启发。“可以将国外看到的一些新奇的东西、新奇的模式进行本土化。”他说。

我很敬佩恽先生。在大潮流下，他毅然回到家乡，并迅速找准定位，促成当地特色农业与互联网的结合，从而带动桃农致富，带动家乡振兴。他有着坚定的信仰，在追求自我价值的同时，也承担起了当代青年的责任。

中国人生来就是和土地密不可分的，是属于大地的。新时代下成长的青年，更应该着手把传统农业与新型技术联系起来，促进传统行业的创造性转化、创新性发展。桃博士水蜜桃专业合作社的成功，是传统农业紧跟时代潮流的成功案例，也为传统农业的创新发展开辟了一条新的路径。

“志之所趋，无远弗届，穷山距海，不能限也。”以恽先生为代表的新青年，在履行青年担当的同时，不断摸索与探求，将个人机遇与时代洪流结合起来。

终日乾乾，与时偕行。青年代表着国家的未来，凝聚着民族的希望。我们青年学子也要蓄积力量，用知识武装自己。我们要热爱脚下的每一寸土地，在各个领域用崭新的力量共同守护和发展祖国，在时代的华章上留下浓墨重彩的一笔。

指导老师：张雪亚

“助人自助”的践行者
——访天澄社区党总支书记陈继东先生

口述人：陈继东
整理人：唐泽毅　李奇骏　张　凯

【导读】 在刚刚落幕的“江苏省社会工作领军人才选拔活动”中，陈继东被评为“第六批领军人才”。在无锡，获此殊荣的仅有三人。这不仅是对他个人工作的认可，也是对社会工作的认可。

■历史纪实

在刚刚落幕的“江苏省社会工作领军人才选拔活动”中，陈继东被评为“第六批领军人才”，在无锡，获此殊荣的仅有三人。“当时得到这个消息，我很激动！”他这样说道。这不仅仅是个人的荣誉，也是堰桥街道和惠山区的荣誉。江苏省已经第六次开展“社会工作领军人才选拔活动”了，前五次，惠山区都没有人入围，他是第一个，因此大家都十分激动。这不仅是对他个人工作的认可，也是对社会工作的认可。陈继东一直有一个想法，要把所学的社会工作知识用于社区治理和社区服务，这一次的入选既是对他前期探索的认可，也更坚定了他的初心。

社会工作的核心是“助人自助”

我（陈继东）接触社会工作比较早。我于1999年从大学毕业，当时作为引进的科技人才到西漳的一家企业——国达机械厂工作。这是一家中外合资企业。社会工作在台湾地区发展得比较早、比较好，所以台湾地区的董事长已经有意识地把社会工作引入企业管理中。我当时做办公室主任，后来做副总经理。

企业社会工作的第一个方面是协调劳资关系、员工关系。这些关系如果处理不好，会影响到企业的发展。比如有的员工因为家庭、同事或者其他方面的原因导致工作不认真、不积极，那么社会工作就可以及时介入，对他进行心理疏导和情感支持，包括对个人问题的协助处理。在帮助员工处理好这些问题以后，他就能够以更加积极的心态投入到我们企业的生产中去。

有一位员工当时失恋了，很受打击，工作积极性不高，但他又负责公司生产中的一个关键部分——抛丸机中核心部件抛头的制作。他不来上班，就会影响到我们厂里的生产、影响交货的工期，所以我就去找他做心理工作。我说：“你很年轻，谈恋爱、失恋是人生中难免的。正好这个女孩子所在公司的负责人跟我们老板很熟悉，他们是一个村的。如果你能先放下眼前的事情，回到工作中来，用你优异的表现得到公司的认可，那我们老板也有了底气，可以帮你再牵牵线，说不定女孩子就回心转意了。”他听了以后，感觉又有希望了，工作的热情被激发出来。这是一个社会工作介入员工心理疏导的案例。

此外，还有很多企业社会工作的内容，比如关怀困难职工，保障与改善职工的基本生活。当时企业里的一些外地员工觉得这边的经济和环境都很好，想在这里安家过日子。西漳的房价虽然不贵，但是对于普通劳动者来说，要一次性拿出两三万元首付款还是有点困难的。我就向企业负责人提出建议，借钱给员工付房屋首付款，用温暖打动人心、留住人才。企业负责人采纳了我的建议。我还记得当时的车间主任王师傅说的一段话：“我在这里干了20多年了，对企业借钱给我买房一直感恩在心。同时，我感觉企业能对员工提供无微不至的关怀，发展也不会太差，所以心甘情愿留在这里。”

我们还在公司建立了一套人才培养机制和激励机制，为新进大学生提供发展平台，让他们可以安心、长久地为企业服务。我们还开设了“心语坊”，及时为员工提供情绪疏导、保证安全生产等。我在国达工作的六年里，实现了安全生产零事故，这跟社会工作的引入有很大的关系。

企业社会工作的第二个方面，在于发掘每个员工的潜在价值。传统文化里讲“良将无弃才”，社会工作认为每个人都是有潜能的。企业的管理者要善于发现每个员工的潜能和特长。

第三个方面，也是社会工作的精髓——助人自助。企业的发展需要老中青结合，老一代的技术工人在带年轻人的时候，我也关照他们用助人自助理念带好年轻人。比如，要让年轻人自己学会怎么做，要相信年轻人终究会成长的，也终究会独当一面。助人自助的理念对于新老传帮带起了巨大的作用。

我们把社会工作的这三个方面注入企业管理中后，国达机械经过三五年的努力，产值快速增长，劳资关系和同事关系很和谐，企业的经济效益和社会效益都得到了显著的提高。

在企业工作的这段时间，我尝到了社会工作的“甜头”，也发现自己对社会工作很感兴趣。2006 年的时候，堰桥街道首次招录大学生村官，我就去报了名，结果被录取了，从此走上行政道路，先后担任过林陆巷社区主任助理、陈家桥社区书记助理、街道科技办副主任和街道党工委组织干事。在此期间，我充分发挥自己的社工专长，秉承“助人自助”的社工理念，全心全意为大家服务。

2008 年，我考取了国家首批社会工作师。2011 年，国家开始招收社会工作硕士，我去参加了考试，最后考取了南京理工大学的社会工作硕士。这次的继续学习，对我以前的知识体系进行了一个系统的提炼，为我之后工作的开展、社工理念的植入提供了强有力的支撑。

天澄社区就是“我的家”

天澄社区兴建于 2017 年，是一个年轻的社区。阳光壹佰有两百多万平方米，这样的一个小区，实际入住人口可达到八九万。作为一个社区，管理这么大的地方是不行的。当时我们街道党工委办事处就向惠山区人民政府申请新设一个社区，天澄社区就是在这样的背景下成立的。

天澄社区刚成立的时候面临一系列的挑战。我们社区有 3 万多人，90%都是新市民，这些新市民来自五湖四海，每个人的文化背景、生活习惯、受教育程度都不一样，很多还是来帮孩子带娃的老年人，社区居民的多元化使得居民之间矛盾频发。另外，居民对于社区不熟悉，社区对于居民也同样不了解，社区即使想开展活动或者提供服务，也寸步难行。物业跟业主的矛盾也比较突出，物业的管理满足不了业主的需要就会引发矛盾。

于是，我们逐一对居民进行家访，切实倾听居民的想法，详细了解居民的想法和需求。经过家访，我们了解到了许多共同的问题。许多居民都问我们：“办社保去哪里办？”“我们是属于哪个社区的？”我感到很欣喜，因为我了解到了居民的重点需求。家访之后，我和同事在激烈讨论后达成了一致，那就是要让居民们最快地了解社区。

天澄灯塔

如何才能让居民们最快地了解社区呢？我建议把我们社区党支部建设得像一个灯塔一样，居民一抬头就可以看见社区在哪里，知道要到哪里寻求帮助。所以，我们就打造了一个社区的党建品牌“天澄灯塔”。我们在社区楼道里寻找最显眼的位置、人流量最多的地方，开始着手张贴告示。我们公布了社区每一栋楼的负责人和联系方式，让居民们相信我们社区，同时方便社区开展活动。我们还发动每名党员承包两三个楼栋，并定期组织党员志愿服务、外出培训、共享经验、评先评优，这样既增强了居民对社区和党组织的认同感，也增强了党员的服务意识，发挥出党员的先锋模范作用，使得党员的号召力和凝聚力得到大幅度提升。

“灯塔”的名称从何而来？灯塔是海上的明灯，指明船只前进的方向，是希望的象征。我们称社会党支部为“天澄灯塔”，正是出于同样的期望和意愿。我们希望社区党组织就像灯塔一样，每一个入住社区的居民抬头就可以看见它，有困难就可以找到它，能借“灯塔”感受到社区大家庭的温暖，将居民散落的心聚集到一起，让“天澄灯塔”真正成为居民的“指路明灯”。现在居民越来越多地来社区寻求帮助，社区的矛盾因此减少了许多。现在我们的“党建文化服务墙进楼栋”项目也被江苏省党建先锋网推广介绍，“天澄”旗开得胜。

亲和 e 家

2019 年，继“天澄灯塔”之后，我们再接再厉，推出了“亲和 e 家”互融互助智慧积分平台。如果说“天澄灯塔”为服务和治理社区奠定了基础，那么“亲和 e 家”便是我们第一次为全体居民提供优质服务的开始。

“亲和 e 家”是一个积分互换项目，灵感来源于滴滴打车。你可以在上面发布或接受任务，如“帮忙接孩子放学”，完成任务的人可以获得相应的的积分作为回报。而获得的积分则可以换取相应的服务，例如“理发”“晚托”“电器修理”，还可以换取体育设施的使用权。我们提供的服务非常丰富。

这个平台提供的服务方式是有创新点。我们社区的工作人员并没有直接提供服务，而是提供了一个平台积分互换的模式，提供和享受服务的都是居民。在“亲和 e 家”平台上，每个居民既是服务的提供者，又是服务的享受者。

很多需要付费的服务，在我们这里只需要几十甚至几个积分就可以换取。比如通过积分互换，居民们做了几件小事后，便获得了免费的理发服务。理发店的师傅也乐意为这样有志愿精神的居民免费服务。而理发师傅也可以通过这个平台获取积分、换取服务。也许今天师傅免费提供服务的对象是一个晚托的老师，师傅就可以用积分换取晚托服务，将孩子送到老师那里。每个人既有奉献，又有付出，这之间并不是能用金钱衡量的。

“亲和 e 家”并不强迫他人为社区服务，只有社区的每个人自主自愿地想为社区作贡献时，社区才会变得更美好，社区的居民才会更加亲近、团结。这样才是成功有效的社区治理。

长此以往，我们就可以通过积分互换营造出一个“我为人人，人人为我”的社区，拉近居民彼此之间的距离。我们可以设想一下，假如你家的油烟机就是你的邻居帮你修的，下次你在社区看到他，会不会跟他打招呼？一定会的。这样不仅有利于公益互助氛围的养成和社区资源的深度融合，还加深了邻里之间的感情。这个项目获得了惠山区社区治理的第一名。

以文化人

2020 年，我们实施了多元参与式的社区文化治理，以新时代文明实践站和综合文化服务中心为阵地。我们从社区“挖掘”出了 8 位文化达人，他们有的擅长广场舞，有的擅长书法，有的擅长乐器，这些人都是社区志愿者、文化传播的热心人。这 8 位文化达人中有 7 位是党员，这也跟我们强调的党建引领社区治理的理念相一致。

这些文化达人可以通过社区的直播间展示自己的才能。我们有一位党员达人会演奏各种乐器，而且演奏得很好，吸引了一大批“粉丝”。如果社区举办宣传活动，比如文明城市创建、安全生产月宣传等，一旦这 8 位达人参与进来，就会带动很多社区居民一起参与。我们就是这样通过建立文化达人、文化矩阵的方式，慢慢引导社区居民共同参与社区治理。

目前，天澄社区一共组建了理论宣讲、文体服务、非遗传承、心理关爱、志愿服务 5 支精神文明创建宣传专业化队伍，以此深化群众性精神文明创建活动，全面提高居民素质和文明程度。所有的这些活动都由社区“搭台”、共建单位参与、党员和居民“唱戏”，形成了“党群共融、资源共享、文明共建、和谐共创”的格局。现在，天澄社区已经成为南京理工大学社会工作专业教育的实习基地。江南大学法学院也有意向在此设立实习基地。

从社会工作的角度来讲，社区治理的核心是社区居民的参与。只有广大居民参与了，社区治理才是有效的，才是有意义的。这里也有一个故事。我们有一位业主，他以前没有工作，平日里游手好闲，还被公安机关处理过，给人留下不好的印象。后来在疫情防控期间，我们招募志愿者，他是第一个报名的。当时有的居民跟我说，这个人你能信吗？从社会工作的角度来讲，犯了一次错的人不一定终身是坏人。通过和他充分地交流，我发现他其实是一个很热心、很有责任感的人。他虽然年轻时犯过错，但为人很仗义。我就让他试着做志愿者负责人，带领几十个志愿者在小区里为大家服务。整个防控期间，他做了很多工作，也展现出自己的担当和责任。今年，我又成立了“有话好好说”服务社，他作为负责人继续带领志愿者为社区贡献自己的力量。他通过这段时间的表现摘掉了“坏人”的帽子，现在做青稞酒的批发生意，日子过得越来越好，实现了个人和社区的双赢。事实证明，我没有看错人，每个人都有自己的长处和潜能，社会工作者要善于发现每个人身上的闪光点。

这就是近年来我们针对社区问题所做的三件大事。目前，我们已经初步建立起以“天澄灯塔”党建为引领，以“亲和 e 家”平台服务为支撑，以社区文化治理为补充的社区管理框架。

因为热爱，所以幸福

除了上面谈到的一些具体做法，我认为社区治理还要以社区党建为引领，这是我们必须遵循的一个原则。社区党组织的领导作用必须充分地展现，社区党员的作用也要得到充分地发挥。我们创建“天澄灯塔”，其实就是要提高社区党组织的组织力和凝聚力。只有党组织的作用发挥出来了，党员在社区居民中才有威信，才有领导力。

另外，我希望社会工作能够介入到社区治理中来。社会工作是一个很好的专业，也是很有前景的专业。社会工作的很多理念对于社区的治理很有益处，比如助人自助、善于发现每个居民的长处、尊重和肯定每个居民的价值。这些社会工作的精髓有助于实现社区管理和社区治理的软着陆。

展望未来，我们社区将坚持以党建为引领，融入社会工作，提高社区治理水平和治理能力，向着现代化的目标奋进。我也希望将来天澄社区能够成为惠山的样板社区。

回顾自己的社会工作之路，我有几点感想：基层工作很辛苦，但也很有成就感。作为一名基层党员，一名基层的社会工作者，我要把所学的知识运用于社区治理和社区服务。十九大以后，习近平总书记高度重视社区工作，疫情防控也考验了社区作为党和政府在基层的战斗堡垒的作用。

我再谈几点对青年学子的期望。第一，我一直认为在什么年龄就做什么事情。你们现在是读书的年龄，那就好好读书，将来把自己所学的知识应用于社会，奉献给国家。第二，你们以后踏入社会，一定要学会爱上自己的工作。讲什么是幸福？你从事的工作是你喜欢的，你就会感到很幸福，不会感到辛苦。第三，我们在任何情况下都要保持积极上进和阳光的心态，要相信我们伟大的祖国会越来越好。

中国共产党的百年奋斗历程告诉我们，只要有中国共产党的坚强领导，我们中华民族复兴的重任肯定可以实现。这是你们人生中难得的机遇，抓住这个机遇，展现自己的才华，实现自己的抱负，这本身就是很幸福的事情。

■探究活动总结

“长安、礼舍、杨墅、葑溪、安阳……”这些惠山古村落、古书院的名字居然是省锡中宿舍的名称。原来这是学校“校园生活社会化，生涯体验职业化”项目之一。我们来到天澄社区，采访了党总支书记陈继东，一位“真正”的社会工作者。

“在这个社区工作，就是深深植根于基层，与广大的人民群众打交道，将自己融入这个社会。在这里，我见证了社区管理不断走向成熟，从分散走向整体，从混乱走向有序。社区的建设正走向正轨并快速发展，人们脸上的笑容越来越多……于我而言，最幸福之事，莫过于此。”听着陈书记娓娓道来，我们深受感动，也很受启发。

从“宿舍自治”到“匡园社街”，省锡中的校园里也藏着一座城。在这里，我们是学生舍长、邮局工作人员、银行服务人员、匡园之声广播员……在这里我们自主构建秩序，解决实际问题。在这里，我们也是“责任担当者”。

指导老师：张雪亚

第二篇章

抗疫中的“你我他”

抗疫中的“你我他”

张雪亚

“时代愈远，则史料遗失愈多而可征信者愈少。”搜集实物史料，记录疫情见闻，既是为保存珍贵的史料，见证我们的战“疫”，也是给未来以警醒。

武汉封城后不久，我收到了一封邮件，是学生自发写的一封倡议书。

亲爱的同学们，我是高一（2）班的尤依琳，我代表口述历史课程班的同学向大家发出倡议！因为新冠肺炎疫情，2020 年的寒假突然成了“宅家抗疫”的超长假期。在这段特殊的日子里，我们的所见、所闻、所感，都是如此地真切和鲜活，请把它记录下来……

这份倡议书号召全校同学搜集和保存特殊时期的各种资料，记录特殊的战“疫”时光，这正与学校的战“疫”课程不谋而合。就这样，“由一棵树摇动另一棵树”，经过数周的努力，我们筹集了第一批丰富的资料。

疫情期间，学生还写了战“疫”日记，记录居家抗疫时的学习和生活，并对战“疫”亲历者进行口述访谈，采访了滞留疫区的同学、被隔离观察的人群、治愈的新冠肺炎患者、一线医护人员、防疫工作人员、爱心捐助人士、疫情期间坚持工作的特殊人群等，留下了珍贵的一手资料。

这是一位同学对《蓝色风铃草》的作者刘家宁同学的采访实录(节选)。

2020 年 1 月下旬以来，新冠肺炎疫情在武汉大规模爆发并逐渐蔓延至周边县市，全国各省区也不断有患者确诊，疫情形势非常严峻、复杂。刘家宁同学一直在关注疫情的发展。看到疫区的孩子们焦虑、害怕，她感同身受，拿出自己的压岁钱买了口罩捐给武汉的医院，并想着能再为他们做些什么。在得知周悦老师正在征集关于勇敢面对新冠疫情的歌词后，她很想试试，打算通过这种方式给疫区的小天使们送去安慰、鼓励和爱。

当听到周莹老师深情演唱这首歌时，刘家宁同学非常感动，泪如雨下，仿佛看到灾区的孩子们重新露出了一张张灿烂的笑脸。她说："期待这首歌能给灾区的孩子带来勇气和信心！待到山花烂漫时，她在丛中笑。孩子们加油！"

回顾整个创作历程，刘家宁同学说："这首歌也给了我一个尝试和自我挑战的机会，让我的青春有了别样的意义。在灾难面前，我们每个人都要勇敢面对、勇于担当，方不负青春。"

汤家璇同学在和抗疫一线的军人父母电话访谈后写道："这次的疫情，并不仅仅是一次突如其来的灾难，更多的是一种对人性的历练和考验，我看到了中国人的凝聚力和家国情怀……无论我未来从事什么职业，无论未来的人生道路如何，我都愿以自己的方式守护祖国。"

从自发倡议到搜集资料、记录见闻，学生们保存了新冠疫情下个人的战"疫"资料，传承着精神的力量……

“抗疫记录”倡议书

倡议人：尤依琳

亲爱的同学们，我是高一(2)班的尤依琳，我代表口述历史课程班的同学向大家发出倡议！ 因为新冠肺炎疫情，2020 年的寒假突然成了“宅家抗疫”的超长假期。 在这段特殊的日子里，我们的所见、所闻、所感，都是如此地真切和鲜活，请把它记录下来。 若干年后，这必将成为一份特殊的人生回忆。

疫情的蔓延阻挡不了老师的工作热情，也禁锢不了匡园学子的求知欲望。 “匡园云校”如期开学，老师们化身主播“云授课”：文化、体育、艺术、研创、家政……一样不落。 尽管我们无法见面，但我们仍在同一个“匡园”，我们用行动向病毒证明自己的坚强，没有什么能阻碍我们认真学习！

疫情的蔓延也阻挡不了家人的生活热情。 从初期“宅家”的无所适从，到后来的多样生活，父母们纷纷“变身”：主厨、园丁、家教……多重身份随意切换。 我们用行动向病毒证明自己的坚强，没有什么能阻碍我们积极生活！

疫情的蔓延更阻挡不了人们的昂扬斗志。 钟南山院士再次披挂上阵，李兰娟团队彻夜研究病情，火神山、雷神山火速竣工，无数医护人员奋战一线，各省逆行支援湖北各市，爱心人士纷纷倾囊相助，各地防疫阵线坚如磐石……世上本没有英雄，不过是有一分热，发一分光，萤火汇聚成星河。 我们用行动向病毒证明自己的坚强，没有什么能阻碍中国战胜疫情！

亲爱的同学们，面对疫情，我们有过担心、有过忧虑，但我们正用行动坚定自己的信心！ 每一个“宅家”的同学，都在为国家作贡献，都是好战士。 在这个特殊的时期，请大家拿起笔来，记录我们的抗疫经历，记录我们身边的感人事迹，记录这些虽小却弥足珍贵的历史片段。 待到春暖花开，匡园再见。 不要轻易抹去灾难的记忆，不要忘记灾难给我们的训示！

抗击疫情，我和我的家人在路上

整理人：葛家炜　王天星

面对越来越严峻的疫情形势，我和父母一起加入社会工作志愿者的队伍中，为有需要的人提供力所能及的温暖。

农历庚子年新年，一场没有硝烟的战“疫”席卷全国。为了全国人民的岁月静好，一批批“逆行者”默默地在防疫一线负重前行。

大年初一一早，我跟随爸爸、妈妈来到徐贵桥社区，参与社区防疫宣传工作。爸爸、妈妈都是社会工作者，他们常说，社工必须树立发自内心的使命感和社会责任感，通过自己的实践行动改善居民们的生活，“对社工而言，最重要的价值理念是助人自助”。我虽然没有社工经验，不太了解这个工作的性质，但是在他们的言传身教下，我渐渐地知道了这场战“疫”的紧迫性和艰巨性，自愿加入志愿服务者的行列。

处处都有志愿者的痕迹。

除关注社区的一般事务外，爸爸、妈妈还负责新兴东路网格隔离户的日常保障工作，巡查楼道，通知返锡人员去社区报备，做好返锡人员的后续生活保障并提醒他们防疫的注意事项。隔离期间，爸爸、妈妈与隔离人员建立了深厚的感情。

爸爸、妈妈在负责抗疫工作的同时，还时刻关注着社区的高龄老人们，特别是他们的日常生活、心理状态、身体情况等等，经常打电话再三叮嘱老人们要“继续待在家里，不要出门，勤通风、勤洗手”。

外婆也是一位“二星级”志愿者，测体温、查信息、发放宣传资料等都是她的日常工作。“疫情不退，我不退。”她用实际行动感染了我。作为一名共青团员，我更应该以实际行动为抗击疫情贡献力量，用责任感和行动力诠释青春的正能量！

忙碌的妈妈

整理人：秦　语　郑　露

妈妈是一名医务人员，抗疫期间，她非常辛苦。我记得除夕之夜，同事联系她，请她外出指导居家隔离的方法。她刚回来，电话又响了，她还要再出去一趟。春节期间，她经常去武汉返锡居民的家里，登记询问、监测体温、指导消杀。妈妈说，更辛苦的是警察。那几天，防疫物资少，天很冷，她借了两件军大衣送给道口执勤的警察。

我很担心妈妈的身体。她回到家以后，总是说很困。准备集中隔离点，要做的工作非常多，她经常在医院、隔离点、社区之间来回跑。回到家以后，她也一直拿着手机。工作群的信息很多，电话联系更多，她常常到深夜甚至凌晨才能睡觉。她把手机放在床头，时不时会被一个电话惊醒，再起来解决零零碎碎的事情。

妈妈一直乐观地安慰我说，这是一场持久战，但总归会结束的。我在内心深处挺为妈妈感到骄傲的。面对这种特殊的情况，我也希望自己能成为一个像妈妈一样无私奉献的人。因为工作，她没有陪外公、外婆和我一起过年，觉得很过意不去，说等到疫情结束后肯定多陪陪我们。防控工作还在继续，希望疫情尽快结束。

抗疫进行时

整理人：邱俊浩　王政烨

2020 年初，当我们还沉浸在与家人团聚的美好时光中时，一场突如其来的疫情席卷了全球。随着疫情的扩散，病毒的触手一点点伸向了我的家乡。第一个病人在我父亲所工作的医院确诊以后，父亲和大多数医务工作者本着“生命重于泰山，疫情就是命令，防控就是责任”的原则，加入抗击疫情的行列。

父亲是一名医生，同时也是一名老党员，即便不在手术台上，他也能找到方法帮助他人。父亲主动报名参加了这场抗疫大战，除了在医院正常上班之外，他还负责无锡高速公路西出口的体温检测工作。天冷，许多司机开了空调，不少司乘人员第一次体温检测都显示异常。为确保准确，父亲让他们将车停在一边，关掉空调、打开车窗，休息片刻再重新检测，这从一定程度上增加了工作量。在为来往的司机和乘客测量体温的同时，父亲还叮嘱他们戴好口罩、做好防护。

我也问过父亲，如此危险的工作，明明可以选择放弃，为什么要这么坚持。“这是一个医生最基本的责任。”他这样回答道，“当我选择这个职业的时候，就已经做好了迎接这一天的准备。而且，我们出去工作时都穿着隔离服，可能比你们还要安全呢。”

父亲每天回家后，家里人都会用自己配制的消毒药水对他的衣服进行消毒。我们会将原先的衣服放在画架上，用电熨斗烫一遍，并放在阳光房。父亲就可以洗个热水澡，之后和大家一起聊天。

最令人担心的还是那几个下雪的日子，尽管大家在保暖的衣服外面又套了一层隔离服，但还是很冷。有些医务人员用布裹着脚在马路上跑步取暖。虽然我并不知道我的父亲有没有这样做，但当我看到网上的图片时，心里依旧很担心。

“我要不要搬到外面去住？”父亲曾问道。尽管父亲安慰我们，说自己并不会那么容易被传染，但他被感染的概率确实很大。自从科研人员发现病毒可以通过气溶胶传播之后，口罩也只是降低了被感染的概率而已。在外时间长，运气再好的人也有可能被感染。但我们从来没有远离父亲的想法，依旧和他住在一起，这样一家人就可以互相照应。

日子一天一天过去，我从最初害怕父亲在路口检查时被传染，到现在，似乎也习以为常了。每次听父亲谈所见所闻，我会感到非常自豪。我只是一个普通的高中生，此时此刻没法捐款捐物，只好自觉做好防护，保障好自己的生活，让父亲没有后顾之忧。我相信，这是我可以做到的事。

父亲虽只是千千万万志愿者中的一员，却是我一生的偶像。他让我明白了作为一个人的责任与担当。他是我的榜样，也是我的英雄。

致敬在道口站岗的父亲

整理人：张涵辰　丁煜涵

新冠肺炎这位不速之客的出现，给我们的祖国带来了一场没有硝烟的战争。相较于2003年的“非典”，这次的病毒更加骇人听闻。全国人民众志成城，携手抗击新冠肺炎病毒的侵袭。医护工作者们身先士卒，日夜奋战；为防止疫情蔓延，人民警察为百姓筑起一道道铜墙铁壁，确保我们的安宁。而我的父亲正是这铜墙铁壁中的一块“硬砖头”。

我的父亲是一位人民警察。自2020年1月20日起，他开始执行在道口站岗的任务，负责登记从江阴进入无锡的车辆，对其行程进行排查，预防外来人员将病毒带入市区。这样的工作是很辛苦的，工作量大，我还得时刻保持注意力高度集中。因疫情来势汹汹，父亲的单位采取“三班两运转”模式，实行24小时值班制度。面对不规则的上班时间(上班时间有三种：早班0：00—8：00，中班8：00—16：00，晚班16：00—24：00)，他不曾抱怨辛苦和劳累，回家后就笑着聊工作的环境不差，伙食安排也很到位。我问他累不累，他只是挥挥手说：“没什么累的，习惯就好了。”话虽这样说，但他每每一回家就躺倒在床上，没多久就睡着了。

在危难之中，父亲尽职尽责，作为一位人民警察，他心里装着百姓。我想这样赞美我的父亲：

你不是专业的医者，
却一样承担着护佑生命的职责。
你不是专业的护理，
却努力筑起铜墙铁壁，把疫情阻隔。
阳光下，道路旁，
你是一棵挺拔的青松。

有你在，
百姓就能安心在家看风景。
风雪中，岗亭边，
你站成最美的雕塑。
有你在，
百姓就能淡定从容。
最后，希望疫情早日结束。 中国加油！

在黑暗中点亮一盏灯

口述人：刘家宁
整理人：王　玥　王天星

刘家宁同学一直在关注疫情的发展。看到疫区的孩子们焦虑、害怕，她感同身受，拿出自己的压岁钱买了口罩捐给医院，并想着能再为他们做些什么。在得知周悦老师正在征集关于勇敢面对新冠疫情的歌词后，她很想试试，打算通过这种方式给疫区的小天使们送去安慰、鼓励和爱。

万事开头难。刘家宁同学虽然平时爱好写作，但创作歌词还是第一次，以什么作为主题就成了第一只“拦路虎”。她在反复思索后终于锁定了“蓝色的风铃草”。风铃草是一种很美、很含蓄的花，它的花语是“温柔的爱”，蓝色又是忧郁的象征。“蓝色风铃草”既表示孩子们在疫情中所流露出的淡淡忧伤和柔弱，又能用温柔的爱在黑暗中点亮一盏灯，鼓励他们勇敢面对，不畏前行，坚定信心。正如歌词中所唱：“亲爱的宝贝，别害怕，黑暗中为你执一盏光。亲爱的宝贝，别慌张，从今日与你携手共往。终有一天，我会看到，那柔软而甜美的笑容，灿烂如金色阳光！”

接下来的创作很顺利。刘家宁同学回忆道：“歌词基本上是一气呵成的，真情实感在内心喷薄而出。”但歌词的格式成为刘家宁同学遇到的第二道难关，多亏妈妈的不断鼓励和周悦老师的悉心指导，她才能顺利完成。其中有一句“满怀希望就能所向披靡，迎来黑暗中的阳光”，句式太长了，不适合歌唱，情感的表达也过于直白，她最终把这句改成了“能不畏前方，未知与路长”。

当听到周莹老师深情演唱这首歌时，刘家宁同学非常感动，泪如雨下，仿佛看到灾区孩子们重新露出了一张张灿烂的笑脸。她说：“期待这首歌能给灾区的孩子带来勇气和信心！待到山花烂漫时，她在丛中笑。孩子们加油！”

回顾整个创作历程，刘家宁同学说：“这首歌也给了我一个尝试和自我挑战的机会，让我的青春有了别样的意义。在灾难面前，我们每个人都要勇敢面对、勇于担当，方不负青春。”

刘家宁同学作词的《蓝色的风铃草》不仅入选全国战“疫”45首曲目，而且在《学习强国》播出后，又在央视播出，成为一首经典歌曲，同时也让更多的人听到了省锡中师生给疫区孩子加油的声音。相信人们会从这首歌中汲取无尽的精神力量，有更充足的信心来打好这场战“疫”！

访街道抗疫工作人员王晓叔叔

口述人：王　晓
整理人：沈钰林　邓力远

接受我采访的是一名来自广益街道的95后党建指导员——王晓。他与妻子(司法警察，负责在无锡火车站登记、排查个人信息)都是一线的工作人员，他们甚至每天都无法见面，只能约定每天两次用微信报平安。

王晓主要负责登记居民小区管控人员的进出、对外来人员的排查，以及对疫情防控的宣传，督促居民做好防疫措施。部分小区里的老年人较多，他们获取信息的渠道主要是电视机甚至是收音机，王晓的工作难度可想而知。居民不理解、不配合，这是常有的事。刚从事街道工作不久，就遇到疫情防控，要适应如此高难度的工作，王晓的压力可想而知。

但王晓没有丝毫退缩，他选择迎难而上。“站好每一班门岗、守好每一道关卡、做好人员摸排、提供好基层物资保障是我的职责。”这是王晓对自己要求，王晓也始终为此努力奋斗着。

王晓的事迹着实感动了我。放眼整个中国，有多少像他这样默默奋斗在一线的工作人员！他们像星星之火点燃了全国人民的斗志，坚定了全国人民的投疫的信心。这场疫情不仅仅是对国家的考验，更是对民族的凝聚力和顽强不息的抗争精神的考验。正是因为这些默默贡献力量的基层工作者、奋战在一线与病毒抗争的医务工作人员，我们才能战胜疫情、平安开学。

少年强则国强，少年智则国智。在此，我想加一句：少年正则国正。

让我们播下一颗爱国无畏的种子，誓与困难奋战到底吧！

一位奋战在抗疫一线的普通党员

口述人：沈毅军
整理人：严　炎　徐可炜

新吴区司法局的党员干部们决定前往苏南硕放国际机场，到抗疫一线去。沈毅军就是其中的一员，他用自己的实际行动彰显了党员志愿者的使命和担当，筑起了防控疫情的坚强壁垒。

沈毅军在接到上级通知后，第一时间报了名。谈及当时的想法，沈毅军说："我当时有些兴奋，也有些紧张，没有多想，第一时间报了名。"他认为听从党组织的安排是最重要的。

对于工作中的困难，沈毅军回忆道："有一些年纪大的旅客不会用手机查询健康码，还有一些人不了解相关规定，不太配合登记。"辛苦是不可避免的。航班多的时候，他回家时已经累瘫了，进门前还需要进行全身消毒。

当我们问到他奋斗的动力时，沈毅军的回答很简单："全国人民都在努力，自己也想尽一份力！"对于抗疫，沈叔叔认为自己只是做了一些小事，他说："能够在这样特殊的战场上出一份力，责无旁贷。"

第三篇章

“省锡中人”的故事

坚持德育，学生为先

口述人：徐华安

整理人：田小溪

■历史纪实

一、初入老山沟

“我徐华安于20世纪60年代大专毕业。我们这些毕业生要‘下去’锻炼，从当小学教师开始，一路历练上来。于是，我一毕业，就卷起铺盖，到了江西老山沟。”

那时候，老山沟里的条件比较落后，教育资源非常匮乏，21岁的徐老师年纪轻轻，一去就当上了正校长。

许老师说：“我们这些从无锡地区来的小年轻，穿的衣服料子好一些，剪了一个有模有样的发型，穿一双皮鞋，有时被叫作‘山里来的洋先生’。我第一年的月工资是36块5角，第二年变成了43块。山里土产多，物价低，鸡蛋1分钱一个，大米5分半1斤。我们拿些盐巴、火柴换老乡们的毛笋、笋干、柿干、花生、茶树菇。那时候，我们在冬天洗澡要拿一个大木桶，里面放张小板凳，用老乡自己织的土浴布搓背，再将山上采的鲜红的山茶花往里头一放，满屋子都飘香气，泡在里面真是神仙一样的感觉。”

每当徐老师回忆起这一段经历，他的嘴角、眼角都带着笑，有着说不尽的快乐。深山里的生活很闭塞，但年轻的徐老师在这里愉快地生活和工作了两年，后来回到无锡当老师。

二、来到匡园

“1988 年，我调到省锡中当总务处主任。我到任以后，主要负责整个学校的基本建设。马路、水电、绿化等都归我管。我在任 16 年，学校的校门扩建了三次，图书馆、体育馆、实验楼、教师宿舍、学生宿舍的建设……这些都是我督办的。”徐老师回忆说。

想把学校建设得像模像样，首先要考虑的就是资金问题。

“资金从哪里来？我们有四个‘一点点’：国家拨一点点，校办厂给一点点，地方支持一点点，施工的时候紧一点点。就这样，我们把这些楼建了起来。你们可以到学校看看，有 21 块牌子，凡是捐款的人，那上面都有记录。”

徐老师做总务处主任，却像一个全能的运动员，每天早上起来烧锅炉，做一日三餐，之后去花园、苗圃打理花草。

“学校以前有几盆昙花，有三盆要开花了。我们就在晚自习前通知学生，花已被摆放在大厅里，开花的时候可以去看。学校还有百草园，学生吃完晚饭可以去百草园里转一圈。”

徐老师戏称总务处里的工作人员为“一百零八将”。学校在这一群不怕苦、不怕累的“天兵天将”的努力下，一点一点爬着坡，办得有声有色。

直到省锡中搬到了新校区，徐老师依然在关心着学校的规划设计。尤其是遇到关乎学生的学习、生活的事情时，他丝毫不马虎。

“我的想法是，每间学生宿舍要有一个洗澡间，要有一个卫生间。还有，学校的排水系统也是我的一块心病，闸门和排水没有做好，导致每遇梅雨季节，学校都要‘水漫金山’。”

新校区建成后，设施与徐老师所想的有些出入。已经退休的他在参观完宿舍楼之后，向学校提出了意见。2017 年，省锡中全面改造宿舍楼，基本实现了当年徐老师的设想。而对于“美中不足”的排水系统，学校也在 2019 年的寒假进行了修缮。这位 82 岁的老人听着我对现在学校的描述，不断地点着头，露出了满意的微笑。

■探究活动总结

学生为先

在徐老师的观念里，为学校做的一系列建设，最终目的都是为学生服务。

如今的省锡中，食宿安排很有品质，但价格却很实惠，这和徐老师的理念相符合。

“每次到高考前夕，我就对老师们说，现在看书没有用了，要把孩子的情绪调动起来。每次有学生问，徐老师，我们吃什么呀？我就说，吃状元糕啊！学生问，什么叫状元糕啊？我说，以前有个穷书生上京赶考，路上遇到人家蒸状元糕，说吃了这个糕，就能高中。书生穷，买不起啊！老板娘就送了他三块。书生吃了糕，日后果然获三甲第一名。我告诉那帮孩子，你们吃这个糕，也能金榜题名。学生们哈哈一笑，斗志就起来了。”

“高考期间，家长要给孩子送菜。他们过来一看，发现孩子吃得比家里好，就放心了。学校还给考生煮大麦菊花茶，在里面放几粒盐。”

“以前高考时，水不能带进教室。学生在教室考两三个小时，都很口渴。我提出，学生可以把瓶装的矿泉水瓶上面的商标撕掉。我反映了几次，学校总算允许了。后来，学生就能自己带水杯进考场了。”

当我问到徐老师对匡园的师生有什么寄语时，徐老师中气十足地说：“我只有一句话，发扬老县中精神，继续奋斗。”“一厘钱的精神”不仅要在校史上闪闪发光，还成为省锡中学子的行为准则。

指导老师：张雪亚

谱写生命之歌，弘扬体育精神

口述人：钱希一
整理人：韩　欣　陈　垚

【导读】 "钱老师是我爸爸的初中同学，也是我的老师。初中的时候，我不喜欢上体育课。一到冬天，长跑就是我的噩梦。每次长跑，我都很焦虑。但钱老师每次都乐呵呵地对我说：'胖丫头，天天跳 1 000 个绳，你以后会谢我的。'"

"我第一年做班主任，钱主任配合我演了一出戏，和我一起教育一个不想上学的学生，还跟我一起去看望了一个受伤的学生。记忆中的他特别慈祥、平易近人。"

……

大家口中的"钱老师"就是我校退休教师钱希一先生。2020 年 12 月 7 日，爱国老师带队采访他时，钱老还神采奕奕、声如洪钟，谈起钟爱的体育事业，滔滔不绝。没想到，半个月后，钱老突发心肌梗死，永远离开了我们，这次访谈竟成了最后的记录。我们现在把钱老的口述录音整理出来，致敬前人，传承精神。

■**历史纪实**

我（钱希一）最初并不想当老师，没想到机缘巧合，我最后还是回到了母校，做了一辈子体育老师。

一、机缘巧合，当上母校的体育教师

1966 年，我在无锡县中（省锡中前身）上高二，但没能顺利完成学业。

1968年9月20日，我响应国家号召，独自一人带着行李来到湖北火炬大队古北生产队。

一年后，出于文艺宣传的需要，火炬大队决定成立“文艺宣传队”。我读书时是学校的文宣队队长，所以就被安排去宣传队里工作。当时大队里还有一个小学，学校师资力量不足。考虑到队里孩童的教育问题，学校向生产队提议，让我去授课。1969年9月，20岁的我做了一名老师，在火炬大队的小学里担任四年级的班主任，教语文和数学，同时兼任初一和初二学生的体育老师。

1971年，我的母校缺少体育老师，我有幸被选中，回到了母校。

我的语文老师蒋谦之先生曾经参加过《新华字典》的编撰，他很有才华，曾屡次劝我：“以你的文化积淀，应该当语文老师或者数学老师，当体育老师实属屈才了。”我说：“不行的，学校现在最需要的是体育老师，我已经答应学校了，不能背信弃义啊！”蒋老师也不好再说什么，叹了口气，扭头走了。

就这样，我当上了母校的体育老师，边教学生，边自学大学体育课程。

1977年，国家恢复高考，我本来想去参加，提升下自己的学历，不巧的是，当时父亲罹患肺癌，身边得有人照顾，我就错过了那次机会。

到了1984年，国家开始函授招生，上海体育学院要在江苏招收100位体育老师。这次招生不仅对体育成绩有要求，还要检测文化成绩，包括物理、数学、化学。我只读到高二，很多内容都没学过，中间又隔了这么多年，而距离考试时间仅剩三个月，大家都为我捏了一把汗。

那三个月，我投入了所有的精力。我白天教体育，晚上学习，每天要学到凌晨三点，早上六点再到学校负责学生早操，相当辛苦。那段时间，我每天都睡不满三个小时。有时候，我坐在操场上，靠着一个架子都能睡着。

功夫不负有心人，当时无锡有二十几个人报名，最后只录取了我一个。报到那天，我的一位同学不幸出车祸去世了，我因此晚到了一天。等我到上海体院时，工作人员松了一口气：“你的班主任找你很长时间了，你是江苏省文化成绩的第一名。”

我在上海体院的导师是周云青老师，那时周老师已经是体育研究室的主任。他很看好我，一直鼓励我报考他的研究生。但那时，我已经40多岁了，两个孩子还在读书，如果继续读研，家里也承担不起，我只好忍痛放弃。直到十来年后，我的孩子们都长大成人了，我才去报考了南京师范大学教学管理的研究生，三年后顺利完成了学业，圆了自己当年的梦。

二、深耕课堂，力促体育教学变革

我一直认为，体育课学习和文化课学习一样，一节体育课结束后，学生要能切实从这节课中学到东西。体育老师要学会反思，反思自己的课堂能否教给学生一些实用的知识。

20世纪80年代，学校响应国家的教育改革，启动体育教学改革。当时，学校的体育课程还比较单一：初一年级教投铅球、跳远；初二年级教跳高、前滚翻、后滚翻、扔手榴弹、单双杠等。在这种体育教学模式下，老师们忽视了体育课程的关键——培养学生的体育爱好，锻炼学生的身体。

我根据实际教学情况，提出了两个算式：8－1＞8，从八个小时的学习时间中抽出一个小时来锻炼身体，这样的学习效率要高于八个小时全部用在学习上的效率；1×1＞50，每人每天锻炼一小时，可以为国家健康工作50年以上。学校也提出了这样的目标：学生首先要学会一项球类运动，其次要参加一项体育娱乐活动，比如游泳、舞蹈或者棋类运动，最后能组织一项体育比赛。当时学校的办学条件差，没有体育馆，到了下雨天，我们上不了体育课。我就带老师们开授体育理论课，内容包括体育运动要求、卫生处理、预防伤病措施以及体育理论知识和组织体育赛事的办法等。

20世纪90年代，学校响应国家号召，进一步深化教育改革。为了激发学生的运动兴趣，让学生积极主动地参与到体育运动中来，我和体育组的老师们提出了体育选课方案。学生可按自己的兴趣选课，包括足球、篮球、排球等。由于学生人数众多，师资力量不够，我们计划将三个班大约150人集中上课，再将学生分成若干个小组，按照学生的选课意向进行划分，安排相应的授课老师。开始，很多老师都反对，教务处安排课表的老师也很为难。于是，我主动请缨，花了一天一夜的时间将学校的课表排好。课表调整后，体育老师的工作量成倍增加。以前体育老师一周上十二节课，现在要上二十几节课，好在大家齐心协力，最终攻克了难关。

20世纪90年代，教育部正在进行提高农村中学学生体育意识和健身能力的教科研活动，我们学校在体育比赛中取得的辉煌成绩引起了教育部的关注。经过调研，《增强农村中学生“体育意识”和“健身能力”的学校体育整体改革实验》这一课题被中央教科所选中，成为无锡市唯一一个由中央发放经费的体育教育课题。后来，中央教科所首都师范大学研究院院长带队前来验收，也高度称赞了此课题，我也到乌鲁木齐、海南等地介绍推广，成为教育部专家库成员，被评为江苏省体育特级老师。退休那年，我又被省教委抽调到南京做第一批正教授的评审工作。

三、三代育人

我的父亲钱锡范是匡村中学(省锡中前身)的首届初中毕业生，后来考上了光华大学(今华东师范大学)。1937年，父亲从光华大学数学系毕业时，正值淞沪会战，原打算留校做老师的他只得返回家乡杨市。当时整个杨市只有三个大学生，匡仲谋先生邀请父亲去任教。父亲主要教英语。他的每堂课也都是全英文授课。父亲任教多年，桃李满天下。他一生兢兢业业，为人正直善良。

我到中学任教后，一直工作到退休。退休后，学校工会成立退休老师协会，我又担任了三届理事长。能继续为大家服务，我很高兴。协会每年都被评为“先进工作单位”，无锡市教育局还给我颁发了“无锡市教育系统退教工作突出贡献奖”。

我的女儿写得一手好书法，画画也很好。她原本选择的是服装设计专业，想做设计师。后来在我的熏陶下，她也选择了教师这个职业，到省锡中实验学校担任美术老师，如今也已是高级教师、无锡市教学能手、无锡市美术学科中心组成员，还是江苏省书法家协会会员。

我们一家三代人教书育人的时间加起来已近百年，这也是我最自豪的事情。

■探究活动总结

作为体育老师，钱老师说：“少年何以强，体质强为先。”谈到心爱的体育事业，钱老师不时发出爽朗的笑声，我们深深地感受到体育教育带给他的快乐。

从匡校时期的“锻炼健康强壮之体魄”，到县中时期的“每天锻炼1小时，健康工作50年”，再到现在的“终身运动者”，加强体育意识，养成运动习惯是学校的一贯追求。现在学校不仅有篮球、排球、足球等传统课程，还有击剑、游泳、瑜伽、国际象棋等更为丰富多彩的课程，作为省锡中学子，我们是幸福的。

于我而言，最难的是与人交流。我个人不擅长在陌生人面前讲话，而此次采访，我却成了采访者。我知道采访任务之艰巨，因此我先前做了许多准备。真正采访时，我却发觉，这些并没有那么难。但让我心痛的是，半个月后，钱老师突发疾病去世了。我们所做的不是简单的采访，而是及时记录下我们身边的历史，留下这些即将逝去的声音，也许这就是口述史的意义吧。

指导老师：刘爱国　张雪亚

教师之责，任重而道远

口述人：郑义忠
整理人：汪文杰　张林豪

■历史纪实

艰难时期，奋斗拼搏

20 世纪的省锡中曾经历过一段非常艰难的时期。幸运的是学校有团结、勤奋、朴实的传统。老师们发扬艰苦奋斗的精神，顽强拼搏。工作日的晚上，老师们经常要到 11 点以后才离开办公室。休息日，他们也坚守在岗位上。当时，生源质量不理想，学校的资金也非常紧张，老师没有一分钱奖金。但是大家没有任何怨言，一心一意地为学生服务。

我（郑义忠）刚到学校的时候，要带三个初中班，每周上二十几节课，但在当时的大环境下，我也没觉得苦。我觉得，吃苦耐劳是人生的第一财富。年轻老师只有通过艰苦奋斗，在吃苦耐劳的过程中不断提升自我，才会发展起来。

正是凭着这种团结、勤奋、朴实的奋斗拼搏精神，我们学校到 1997 年恢复为省重点，被评为江苏省 9 所国家级示范高中之一。

英语特色，卓有成效

学校在努力恢复省重点期间，在教学方面有两个非常好的做法：第一是开展素质教育，促进学生全面发展；第二是发展学科特色，通过差异化竞争充分发挥自身优势。比如，语文老师每周专门拿出一节课带学生到阅览室读书。我们学校学生的语文高考成绩非常好，说明坚持阅读的做法是有效的。也有人说，每周一节课也看不了几篇文章。但是如果坚持一个学期，阅读量就非常可观了。再比如，体育学科开设了门类丰富的选修课，能充分激发学生的运动兴趣，这后来成为各校体育教学改革的思路。

我做过十四年的英语教研组长，对英语学科比较了解。我校的外语学科特色是在学校第二次崛起的过程中发展起来的，主要分为三个阶段。

第一个阶段，20 世纪 80 年代前期，每个班级设英语兴趣小组，老师为对外语学习比较感兴趣的同学进行个性化辅导。这部分学生很有语言天赋。英语兴趣班中的有很多学生进入了外国语大学，说明这项工作很有成效。

第二个阶段，从 20 世纪 80 年代中期开始，学校开展外语小班教学。如果有学生对外语特别感兴趣，有意愿报考外语专业，可以参加外语小班。我们会单独利用一节课的时间给这些学生增加听说读写专项训练，暑假再以夏令营的形式开展一些集中训练。这样的好处是，参加外语小班的学生既可以报考外语专业，也可以报考文科专业，因为外语专业是提前录取的，不影响文科的入学，学生相当于多了一次录取机会。我也是专门负责外语小班的老师中的一员。我曾经连续 11 年都在高三教学，在我的班里，有 300 多位同学考了外语高等院校或名校的外语专业，包括北京大学、北京外交学院、北京外国语大学、北京第二外国语学院、上海外国语大学、上海财经大学、上海复旦大学、上海华东政法大学、中国政法大学、广州外语外贸大学、武汉大学、南京大学等。

第三个阶段，从 1995 年开始，在英语学科优势的基础上，我们开办了英语特色班，在全校选拔英语特长生，组建班级。特色班开办了三年，后来虽然因为政策原因被取消了，但是为我校积累了丰富的教学经验。

在英语特色班方面，我也总结了几点经验。

第一个经验是“高效轻负”。比如当时市里召开高三教学复习研讨会，会议上有人提出，剩下的时间要对学生进行综合训练，训练量大概是 30 套综合题，平均每两天做一套综合题。我提出只要做 5 套综合题，受到了质疑。我所选择的 5 套综合题是参考了 100 多套综合题后精心挑选的，学生只需要两个星期就可以完成，多出来的一个半月时间可以进行综合专题训练。第一轮专题以课本为主，主要内容是语音、语法；第二轮专题以专项训练为主，譬如完形填空、阅读理解。事实证明，我的做法是正确的。

第二个经验是“重在课堂”。在课堂改革方面，我们创新了三种课堂教学模式。第一种是结构教学法。我们在新知识与旧知识之间找到新的“生长点”，讲解清楚新知识的发展过程，然后进行概念提炼，强化综合训练，当堂巩固，再配合课后练习，把新的知识和以后要学的知识联系起来，组成知识结构框架，就能顺利地完成教学。第二种是视听式教育法。英语主要是听、说、读、写，听和读不仅是教学目的，也是一种教学手段，让学生在真实的语言情境间，用听说的方法进行操练，大大提高了课堂教学的效率。第三种是“整体教育法”。我们将课文作为一个整体来教授，分析其中的主要观点，把握发展线索，最后整体归纳。

1993 年，无锡市教育局在省锡中召开宣传会议，这些教学模式在无锡被大规模推广，我们学校走在前列。

第三个经验是开发了英语环境课程。我们请有经验的外教老师组织英语角，年轻老师也参加，每周末开放英语角。我们每年举办一次英语节，英语节的活动非常丰富。另外，我们在每年迎新的时候举办全英文迎新文艺晚会，全校会演，包含乡村英语、英语舞蹈、英语歌唱、英语小品等形式。

以上三点是我们英语学科教学成功的重要经验。当时唐校长分管教学，他将英语组的 16 位老师都派遣到英国格林尼治大学培训了两个月，学习英语课程标准。在 1998、1999 两年时间里，学校约组织了 100 多位学生去国外中学和大学访问交流。

积累管理经验

1999 年到 2000 年，我离开了省锡中，去洛社中学当副校长兼教导主任，分管整个高三年级的教学，并负责其中一个班的英语教学，工作量很大。当时洛社政府投资 2 500 万建造了一所新学校，但是教学质量却一直不如人意。上级安排我去支援兄弟学校，把省锡中的教学经验带到洛社中学。

省锡中的本科升学率已经能达到百分之四五十了，但当时新办的洛社中学还差得很远。我去了以后，经过一年的努力，洛社中学有 113 个学生考上了本科。第二年，有 153 个学生考上了本科。

重回省锡中之后，我连续三年担任教学处副主任，分管学校的教学质量、课堂教学和教研组建设。当时我在教学处主要做了以下几件事情。

第一是实施素质教育，促进全面发展。以德育为核心，以培养创新精神和实践能力为重点。德育的功能有两个：一是培养学生正确的世界观、人生观和价值观；二是激发学生内在的学习动力。

第二是提升教学质量。我们研发了几十门校本课程，譬如哈佛演讲与辩论、中学生做口述史、体育选修等等，丰富多彩。我们研究课程标准，实施有效教学，切实减轻学生负担。我们还做课例研究，我们学校有一个录播室教室，每学期每位老师认真展示一节公开课。从这节公开课，我们就能看出老师的专业水平、教学能力等。

第三是精准化管理，实行班主任负责制。根据不同时期的测试，确定每个班的高考目标，调整教学策略。我们学校推出了生涯规划课程，帮助学生较早地确立自己的人生目标和努力方向，养成规划意识。

师生寄语

第一，我认为作为老师或者学校的管理者，责任非常重大。我们要对孩子的终身发展负责。

第二，创新改革、创新发展是我们学校发展的不竭动力。省锡中现在已是全国课程改革先进学校，我们要在已有的基础上继续艰苦奋斗，实现新的跨越式发展。

第三，我认为对幸福要有正确的认识。幸福不是一种结果，而是追求终极目标的一个过程。我吃了很多苦，但是我感到很幸福，因为我实现了我的人生价值，实现了我的社会价值。所以年轻老师和同学们要注重过程，但行好事，莫问前程。

我希望同学们能学会生活，学会学习，学会创造，学会做人。我们不但要为个人的发展而学习，也要为社会的发展、为民族的富强而学习。

■探究活动总结

1978 年，郑义忠老师来到中学教书。当时学校的环境十分艰苦，学生到食堂吃饭，没有椅子，只能站着吃饭。郑老师带三个班，每周有二十几节课，还要兼任班主任，经常加班，非常辛苦。正是这种顽强拼搏的精神激励着一代又一代省锡中人。

如今学校已有了翻天覆地的变化，教学楼拔地而起，校内建有体育馆、游泳馆、击剑馆等等。与几十年前的学校相比，简直是天差地别。忆苦思甜，我们更应该珍惜眼前，努力学习。

指导老师：刘爱国

勤勤恳恳的教务员

口述人：杨夏晨

整理人：邵元晟　王岑宇

【导读】 一个小小的房间，一台简陋的打字机，一叠厚重的试卷，还有一位勤勤恳恳的教务员。她，就是杨夏晨老师。

■**历史纪实**

终于可以不用看字板背字盘了

1986 年，我（杨夏晨）来到省锡中工作，不过我和省锡中的缘分却不仅仅是从这里开始的。我也曾在省锡中读高中，那时班里有五十多个人，但一般只有十几人能考上大学，我没能如愿。班主任建议我再读一年，但是考虑到自己的家庭情况，我没有选择复读。正巧这时候学校的教务老师被调到了教育局，我上高中时语文成绩还不错，在老师的建议下，我留在了学校，被安排到打字室工作。

在学校里安顿下来后，我的身份一下从学生转变成了老师，我很不习惯。校园里到处都是我以前的老师，每次碰到他们，我心里都十分紧张。但我转念一想，既然已经决定做这份工作，那就得适应起来，把工作做好。

一开始，我先学打字。师父要求我背熟整整 3 000 个字的字盘。当时打字室只有我一人，我的压力很大。每当学校组织考试的时候，所有的试卷都被送到打字室，我忙得焦头烂额。

1991 年，学校更新了设备，我开始使用四通打字机。虽然这台机器只有打字功能，但在当时的环境下，能有一台打字机已经相当不错了。我非常开心：“哇，真是太方便了，终于可以不用看字板背字盘了！”我自学了五笔输入法，一分钟能打出一百多个字。

2001 年，我开始使用 WPS 系统。这时，打字不再是一门技术活，人人都会打字了，所以学校将我调到了教务处，我开始从事教务工作。

既然决定了，那就尽全力做好

9 月份是开学季，但学生 8 月底就要来报名了，所以我总是在正式开学前几天先到岗，做好相应的准备工作。我的主要工作是整理学生档案，同时准备好老师们的听课笔记、备课笔记，保证师生顺利开展教学工作。

除了开学前的准备工作，每个学期的成绩单对教务处来说也是个大工程。整个学校有六七百个学生，每个学期，老师都要填写成绩。我需要把空白的成绩单发给班主任，告诉他们什么时候填、怎么填、什么时候交，整理好后再一一下发，做好学期的收尾工作。

到了第二个学期，教务处就更忙了。我们既要帮学生建档案，又要填各种表格。对比打字员和教务处的工作，我感触最深的一点是：“打字员只要待在办公室负责油印试卷，教务处则需要接触很多人，在工作内容和工作方法上都有很大的不同。”因为教务处的工作很烦琐，容易遗漏，我就养成了写日记的习惯。我每天晚上都会详细地做好工作记录和工作计划。

教务处还有一项重要工作，就是高考的考务工作。事情多、压力重：高考报名、考场布置、试卷管理……我也在一点一滴地学习。回忆起这段日子，真是苦中有甜。能为学生做好服务工作，让他们没有后顾之忧，我从心里感到高兴。

■探究总结

“踏踏实实走好每一步，认认真真做好每一件事。”这是杨老师的工作信条。也正是因为这种踏实、认真的态度，杨老师才能孜孜不倦地完成枯燥的打字工作和烦琐的教务工作。

不论是在打字室，还是在教务处，杨老师始终一丝不苟地完成每一件工作，在烦琐的工作中寻找到了属于自己的那份乐趣。这也是杨老师最触动我们的地方。

在口述史课程中，我们也深刻感受到了认真、踏实的重要性：从理论学习到模拟访谈，从准备工作到正式访谈，之后还有转录和整理等一系列工作，在一次次克服困难的过程中，我们提高了自己的能力，收获了成功的喜悦。

指导老师：刘爱国

第四篇章

听长辈们讲故事

漫漫来路——记外来务工者：我的父亲

整理人：邱兰昕

【导读】“人生的道路虽然漫长，但年轻的时候，我们一定要努力。”1992年的中学毕业考试改变了父亲的人生。

■历史纪实

收拾行囊

从小，父亲的学习成绩就很优异——除了英语。凭着40分的英语成绩，父亲上不了连江一中，也上不了中专。当时，邱吉锋的父亲动员他去读泰建筑职业中专学校，但费用要3 000元。对一个贫穷的家庭来讲，这无疑是一笔巨款。想到这3 000元是父母近几年辛苦劳作才积攒下来的，去外地读书每月大约还需300元的生活费，父亲感到了压力。

“我选择复读了一学期，但我的英语成绩依旧没有任何提高。我思虑再三，还是想去找工作，减轻家里的经济负担。”

16岁的父亲就这样告别了学校，准备步入社会。

不读书，就要去工作，或者学一门手艺。十六七岁的男孩子干不了什么重体力活，大多数人选择学手艺。

祖父在镇上从事理发工作。理发的手艺是从曾祖父那儿传下来的，祖父和父亲的堂伯父都从事这份工作。按祖父的想法，子承父业，理所当然。

可惜的是，父亲对理发一点兴趣都没有，死活不愿意学。祖父虽然严厉，但毕竟儿子已经大了，还是尊重了他的决定。

恰好舅公的水果店开张，舅公叫父亲打下手，父亲便收拾行李前往省城。

初入社会

刚步入社会，父亲便体悟到了人生的不易。父亲来到了离家不远的福州城，在亲戚家做事。

父亲没有大的志向，每天起早贪黑工作，一天只睡六个小时。时光飞逝，两年就在忙碌的生活中不知不觉地过去了。

父亲说："我这个人太死板，对做生意一窍不通。思来想去，我还是打算学习一门手艺，以后也可以自给自足。"父亲对烹饪有强烈的兴趣，于是打算学习烹饪。

辗转学艺

1995 年的夏天，父亲加入了福州烹饪学会中西菜委员会办的培训班。

后来，父亲经人介绍去马尾区的一家海鲜酒楼实习了半个月左右。"我当时主要看别人操作，基本上没有练手的机会。"说起这段经历，父亲有些无奈。

后来，通过老师的介绍，父亲去西湖公园内的西湖酒楼里学习。之后，父亲又去仓山区一条龙船上的酒楼学了几个月。

"理想与现实的差距太大了。当时，我没有做清晰的职业规划，以为兴趣是最好的老师。我后来才了解到，烹饪是一门实践性很强的技术。"父亲连连摇头。父亲也想过努力，却想不出理由让自己坚持下去。父亲选择了放弃。毕竟，青春年少的时光如此宝贵，不能再这样耗下去。

正如柳青所说，没有人的生活道路是笔直的、没有岔道的。有些岔道口，譬如政治上的岔道口、事业上的岔道口、个人生活上的岔道口，你走错一步，可以影响人生的一个时期，也可以影响一生。

锡城岁月

父亲说："我选择来无锡是因为当时家里有亲戚在无锡创业，有了一点基础。"

2002 年，刚结婚半年的父亲踏上了漫漫长路。

父亲刚来到无锡，在店里吃住，宿舍阴暗狭小。父亲每月有700元的工资，但他只花100元左右。无锡比老家冷，第一年的冬天，父亲舍不得买两三百的羽绒服，只用30元在东门附近地摊上买了件棉衣凑合穿。

渐渐地，父亲有了点积蓄，勉强在无锡站稳了脚跟。近二十年过去，父亲的工资逐渐高了，生活水平也在提高，再也不用过从前的苦日子了。

“现在，我买件衣服，很随意。房子也买了，家庭的幸福感也增强了。”父亲笑着说。

2008年，我开始上小学。那时，很多老乡都回老家建房，让孩子在家乡接受教育。父亲很重视教育，为了获得更优质的教育资源，萌生了在无锡定居的念头。祖母也没有反对。

问及这么多年中遇到的最大的困难，父亲犹豫了一下，说：“以前，最主要还是缺钱。没有钱，住不了好房子，全家不能随心所欲地外出旅游。有时急用钱，只能靠亲朋好友的借贷解决。”

回望来路

父亲说：“如今，无锡发生了翻天覆地的变化，高楼大厦多了，地铁通了，城市规划也很好。”父亲刚来的时候，无锡也就是一般的城市。人民路很窄，市内没什么高楼，也没有机场路高架。

谈到对未来的打算，父亲笑了。他还是希望能留在这里，毕竟这座江南之城给父亲带来了欢乐与幸福。这里有家的归属感。

■探究活动总结

从闽东的海滨小镇来到无锡奋斗，父亲花了二十年的时间才过上了今天的生活。父亲的人生并不顺遂，他经历了一次又一次的低谷，受财务所困，为金钱所扰，一个人支撑着六口之家，领着不高的薪水，一次次地借贷。父亲很疲惫，可他不能放弃。

与父亲相比，我是幸运的，我能够在这个城市拥有一个家。我的父母虽然清贫，但他们竭尽所能给我提供更好的环境。我的父母没有高学历，但他们为我创造了一个良好的学习环境，我能通过自己的努力过上精彩的人生。

指导老师：张雪亚

浪花一朵朵

整理人：汤舒奕

【导读】 我的父亲是一名游泳教练。他普通，也不普通。说他普通，是因为若只看外表，他不英俊也不高大，在人群中不怎么显眼，他和其他所有的游泳教练一样，每天连续几个小时泡在水里，帮助怕水的孩子一点一点发现游泳池中的奇妙天地……至于为什么说他不普通，这就要慢慢道来了。我很敬佩我的父亲。他是一名教练，但远远不止是一名教练。

■历史纪实

初学游泳

我曾经问过父亲，小时候的他是个什么样的孩子。父亲大笑着告诉我，他曾经是个不太好学、特别调皮的男孩。但是他有一个优点，就是接受能力很强，学习的时候很专注。7岁那年，他第一次接触到了游泳。不同于那个时代的其他孩子，他的游泳不是在路边的河里学会的。爷爷和奶奶很尊重父亲的想法，为父亲请了专业的教练。这也是父亲能把游泳从一个爱好变为一项特长，甚至是一种职业的很重要的原因吧。于是，父亲每天放学后不再漫无目的地乱晃，而是马上跟着教练跳入水中，去感受被冰凉的水包围的快乐。此后整整一年半的时间，炎炎的烈日和凛冽的寒风都没能阻挡他的脚步。退缩是可耻的，他总是这么告诉自己。他跟着教练，从入门的蛙泳，再到仰泳、蝶泳与自由泳，每个动作，他都用尽全力向专业水平靠拢。他的教练经常告诉他：这么多泳姿，没有哪一种特别好学，也没有哪一种特别难学。以平常心对待，不要抗拒，每一种泳姿都是可以轻松掌握的。从那时起，父亲一直牢记这些话。他明白，学游泳，更是学生活。生活中没有绝对完成不了的事，要有一种自信积极的心态。

体校经历

游泳教练欣赏父亲的天赋与努力，鼓励他进入体校学习。那一年，父亲才9岁。父亲每每谈起选择进入体校的时候，总是不好意思地笑着说："我那时候哪是因为老前辈的夸奖才进体校的啊！我只是想着，自己学习成绩差，家里也有很多兄弟姐妹。进了体校，自己吃点苦，家里的负担不会那么重……现在想想，我当初虽然进了体校，没能达到很高的文化水平，但是也挺值得。毕竟我把兴趣变成了职业，而且我的妹妹也因为我的选择受到了很好的教育。"9岁的父亲选择进体校，是为整个家着想。因为他明白，自己是家里唯一的男孩，他的肩上承担着更多的责任。面对爷爷、奶奶的担心和不忍，他头也不回地走进体校的大门，又悄悄抹了一下眼角的泪，回头笑着对他们挥手道别。

聊到体校，我问父亲："那你在离家那么远的地方，想家吗？""想家？怎么可能不想呢……9岁，应该是上三年级的年纪吧。这么多来自不同城市又彼此陌生的孩子聚在一起，每天哭。只要一个人哭了，全班同学都会一起哭。但时间久了，大家会忍住，会彼此安慰、鼓励。体校是我们的第二个家。我们学会了团结，学会如何关心别人。"在体校，大家每天五点多就要起床训练，然后去上课，下午参加训练，训练结束去上晚自习。时间紧，训练任务重，他们不仅需要学习文化科目，而且要进行高强度的训练，容不得丝毫马虎。炎炎夏日跑十圈对他们来说不是什么稀奇事，中暑、晕倒不是逃避练习的借口。体校教会父亲如何去爱，体校的苦更让父亲明白了温情的甜。他知道，作为一个男人，自己强大还不够，应该凭借自己的能力去保护身边的人。回忆起那段充满汗水和泪水的时光，父亲没有埋怨，只有感恩。

军旅生涯

1991年，父亲入伍。每每谈起这段辉煌史，父亲总是笑容满面，细数自己获得的荣誉。父亲指着当时从《人民日报》和《解放军报》上剪下来的报纸，说自己在部队曾经救过一个造币厂的老板。其实，他救过的人有很多，只是这则消息被报道出来了。“当军人，学游泳，就是为了保护身边人的安全，其他都是次要的。新闻报道、锦旗都不重要，他们安全了，这就是我们存在的意义。”父亲在军队曾经当过班长，参加八一全军技能比赛，荣获上海武警七支队第四名。武警当时有消防、边防、内卫和外卫，父亲是内卫防暴武警。在警队的训练比体校还要苦很多，但是父亲从来没有说过累。

游泳教练

离开军队后，父亲加入了省队，后来选择当一名游泳教练。问及为什么想当游泳教练，父亲是自豪：“教会一个孩子游泳，就相当于多救了一个人的命，是特别有意义的事。游泳是我的一个爱好，是我坚持了几十年的事，是我第一件全身心投入并付出所有时间与精力的事。我希望在每一代孩子身上，都能看到当初的自己，看到那份坚持与执着，教会他们怎么走出自己的舒适区。游泳有利于身心健康，而这正是所有人都需要的。”他顿了顿，又接着说，“当游泳教练其实挺辛苦的。首先，你得确保在你身边不能发生任何安全事故。我们教人游泳，首先要确保他们的安全。暑假时，很多孩子来学游泳。一天下来，我的嗓子疼到说不出话来。小朋友有时很调皮，但是我天生就喜欢和小朋友打交道。”

最让父亲感到自豪的是他曾在区里的残联担任游泳教练，他带的残疾人游泳队在后来的比赛中共荣获 13 块金牌。“他们中有聋哑人，有双目失明的，有截肢的。一开始，我也退缩过。我不确定自己能否教会他们，甚至可能连交流都有障碍。我身边的同行也有些犹豫。后来我咬咬牙，下定决心把这次任务当成对自己的挑战。”父亲全身心地投入教学，尽自己最大的努力帮助着那些运动员。我无法想象父亲是如何训练他们的。那段时间，他待在家的时间很少，几乎把所有的时间都投入到那方泳池，投入到每一个队员身上。他说，当他看到那些队员完成别人很难想象的比赛时，他比任何人都激动，常常一整天眼眶都是湿的。“我知道他们背后付出了多少努力。真正的体育精神，看他们就知道了。”

我眼中的父亲

父亲是很多人心中的特级游泳教练，是让人崇拜的对象。但是在家里，父亲就是一个普普通通的父亲，不是下达命令的教练，倒更像是待命的学员。父亲曾经在星级酒店当过厨师，在家总是抢着做饭，把大饭店的佳肴统统搬到家里的小餐桌上。而作为一个合格的“厨师”，他常常变着花样做出让我和妈妈满意的菜品。一个平日里扯着嗓门下达命令的男人，却可以站在桌边几个小时，耐心地烹饪。

父亲很幽默。他会为了逗我们笑，盯着视频学半天天鹅舞，他和天鹅完全不搭边的形象让我们捧腹大笑。碰到好玩的事、看到好笑的笑话他都会第一时间分享给我和妈妈。我每周从学校放假回来，打开手机，就看到他发来的几十条消息。我不止一次地问过他，明明知道我住校，干吗还要发给我。他总是跟我解释说：“我当然知道你不能马上看到了，但是忍不住想跟你分享啊，最好的东西当然要和最亲爱的人分享啦。”父亲很细心，总是牢记每一个有意义的日子，经常买花送给我和妈妈。他总是通过各种方式告诉我和妈妈，虽然因为工作很少能陪我们，但是在他心里，我们永远是最重要的人。当然，父亲有时也很严厉：“爸爸永远支持你做对的事，前提是对的事。”在父亲的支持下，我养了一只宠物狗，去了想去的国家，学了街舞。

父亲似乎永远是充满活力的样子，好像这就是他应有的模样。我问他老了以后打算怎么过，他想了很久，回答说：“我不想变老啊，但这是每个人的必经之路。老了嘛，我就没办法再教别人游泳了吧。不过我打算跟教练朋友相约每天一起游泳。游泳是我这辈子都放不下的事。”

从 7 岁那个拼命学游泳的孩子，到在体校咬牙坚持的男孩，经历了军队的磨炼之后，现在的他是一名优秀的教练，是爱变花样的“厨师”，更是无时无刻不站在家人身后的男人。泳池是他的主场，每天陪伴他的是朵朵浪花，是他的汗水。他从来没有说过累，他总是坚持着、付出着。他留给我们的是坚实的臂膀，是清晰有力的口号，是鼓励与鞭策。

浪花一朵朵，伴着汗水，就是他的一生。

■探究活动总结

世界上有很多游泳教练，父亲只是其中的一个。但是普通人也可以在属于自己的领地上发光发热。父亲幼年时离开自己熟悉的家乡，在异地接受训练，毕业后参军、工作。他走着自己的路，并且坚持在这条路上不停地奋斗。他吃苦耐劳、坚持不懈，活出了自己的人生。

这次的口述访谈让我有了难得的机会与父亲好好聊聊，去探究他背后我所不了解的岁月与经历。我想，父亲身上有很多值得我欣赏的地方。同样，我们身边的每一个人都有值得他人学习的闪光点，等待我们发现。

指导老师：钱怡婷

老蔡的幸福之路

口述人：老　蔡
整理人：蔡卓衡

■历史纪实

傍晚的一幕

50年多前的一天傍晚，老蔡正在一间小小的草屋里烧火。草屋的顶是稻草，一下雨就漏。将几块砖头一垒，抹上几把黄泥，就是锅灶了。夕阳西下，屋子也昏暗起来，破旧的小木桌旁围了五个孩子，最小的不过三四岁，每个孩子都眼巴巴地望着母亲，期盼着晚饭。粥盛上来，孩子们充满希望的眼神黯淡下去，粥太稀了。老蔡心疼地将自己碗里的米分给几个孩子。妻子说："你多吃点，明天活儿很重！"老蔡叹了口气，背着手慢慢走了出去。

夜幕降临，老蔡与三个孩子挤在一张小床上，另外两个孩子被打发到厨房的一张简易小床上去了。孩子们都睡着后，他悄悄起身，走到屋外，"吧嗒吧嗒"地抽起了烟。妻子走过来："日子难熬啊！有什么办法呢？早点睡吧，明早还要起来干活。"

一碗粥的故事

老蔡干活去了。虽然是早上，可大家都无精打采，人人脸色暗黄。日头渐渐高起来，大家都汗流浃背。"快，有人晕倒了！"有人喊道。老蔡与几个庄稼汉把晕倒的人扛到了卫生员那里。卫生员检查了一下，说："老蔡啊，这是你们队里第几个晕倒的？ 第三个。 唉，其他队里和你们差不多。 这浮肿可真害人！”老蔡听了默默不语。

回到家，他和妻子说：“你以后在我的碗里多些米，队里已经有好几个人倒下了。 我不能倒下，我倒下了，你们怎么办？”晚饭时，老蔡碗里的粥稠稠的，而妻儿的碗里是清汤寡水。 小女儿看了不高兴，噘嘴道：“为什么爹爹的米这么多？”他看看女儿的脸，心像是被锤子敲了一下，送到嘴边的粥实在是咽不下去：“还是分了吧！”

孩子们睡着后，老蔡又走到了屋外。 今天的夜晚没有月亮，他看不到光。 这样的日子什么时候才能熬到头啊！ 过了一会，妻子端了一碗粥出来。 “我不是叫你给孩子们了吗？”“这是我的那碗，你吃饱了才有劲干活。”

分田带来的转机

终于有一天，转机出现了。 广播播出讲话，说是要将农田分给农民，提高生产积极性。 这时的老蔡已经步入了不惑之年。 村里的生产队要求各家集合共同商讨分田的事。

老蔡其他农民一样怀着好奇和惴惴不安的心情来到了集合地点。 大队委清了清嗓子说：“根据上面的指示，将农田承包给农民，实行家庭联产承包责任制。 可以充分调动生产积极性……现在许多地方已经实行家庭联产承包责任制了，我们也不能落后，要争当先进分子。 下面我报到名的人，上来登记……蔡学才，你家几口人?”“七口。”“几个成年的？”“四个。”“那给你算六个人的地！”

回到家，老蔡高兴地告诉妻子：“我们家分了十二亩地！ 以后要加把劲干活了！”

老蔡把家翻修了一下。 他做了许多准备。 先是画设计图，接下来买材料。 他上县城买黄沙、水泥、瓦片、砖头、玻璃。 老蔡和泥水匠一起干了几十天，把房子建成了。 房子不是很大，但挺气派。

村上人都赶来围观。 这可是改革开放几年来，第一家翻修新房的。 之后，老蔡家的生活条件不断改善。 一天，老蔡从县城里买回来一台黑白电视机。 于是每天晚上，村里的孩子都搬着小板凳来到老蔡家里看电视。 再后来，家家户户都买了电视机，孩子们聚起来看电视的场景就没有了。

“淘宝达人”老蔡

2015年对老蔡来说是个特殊的年份，古稀之年的他用自己的积蓄买了一套房。在装修前，他把自己用了几年的老年机换了，换成了智能手机。

装修房子的时候，他买了台电脑，把自己的孙子、孙女叫过来，向他们“求教”怎么做文档、上网、看视频。很快，老蔡又学会了网购，成了“淘宝达人”，他觉得淘宝上的东西便宜。孙子、孙女劝他，网上的东西质量可能好，老蔡不服气：“怎么会呢，人家的服务态度这么好，我还要给他五星好评呢！”

■探究活动总结

老蔡是我的爷爷。爷爷一直以来都希望能过上幸福、安康的生活。他在接受采访的过程中，显得很平静，笑着与我讲述过往的经历。采访结束，爷爷接着拍了拍脑袋：“唉，那时候的事，我好多都不记得了，树皮是怎么吃下去的，也忘了。”或许正是这种乐观精神支撑着他一路走来，他越活越年轻了。

这就是我的爷爷老蔡的幸福之路。

指导老师：陈兵

我家的"衣柜"

整理人：俞骁洋

【导读】 口述史这种新的方式让我以一种新的视角去观察这个时代，剖析藏在服饰变迁背后的秘密。它是真实的。旧相片里的岁月就像放电影一样，慢慢地浮现在我眼前。

■历史纪实

外婆的"衣柜"

我怀揣着修改了许多次的采访稿和录音工具踏上了采访之路。第一个采访对象是我的外婆，这是我收获最多的一次采访。

外婆说，她小时候(外婆出生于1955年)就有很多人穿中山装了。但当时，老百姓们很崇拜中国人民解放军，都爱穿军装出门。

外婆继续说："以前哪里有什么服装店啊，大家都是买布匹找街上的裁缝做的。以前，裁缝也是个热门行当。"我依稀记得在自己很小的时候，老人们是挺喜欢上街找裁缝。衣服破了，他们就补补再穿。现在人们都穿成衣，穿坏了就扔，很少去缝缝补补了。外婆给我看的旧衣服上最常见的就是补丁，针脚粗且密，有的褪色。衣服的颜色也很单一，主要就是青、白、黑、灰。

"以前的冬天，你们都穿什么呢？""冬天的衣服远不如现在轻便时髦，为了暖和，大家都把自己裹得像只球，动弹不得。"外婆的这个比喻倒是生动形象。以前没有羽绒服，只有厚且笨重的棉大衣，人们再将自己里里外外套上好几层，可不就行动困难了吗？后来，外婆会帮着大人们织布，这样就不需要出去买布料了，为家里省了一笔开销。她工作以后，衣服的颜色渐渐多了起来，大家偶尔也会给自己添置新衣服。

由于家境不允许，外婆在少女时代没能精心打扮自己。她有几件旗袍，只有在春日游玩拍照时，她才舍得穿上。

阿姨的“衣柜”

我的阿姨年龄和我妈差不多大，很配合采访。“我小时候家里条件挺好，上学的时候，同学没有的衣服，爸妈也会给我买。”“能举个例子吗？”“我记得自己上中学的时候，爸爸出差给我买了一条喇叭裤。裤子特别显腿型，我也很喜欢。同学很羡慕我。但不是每个家庭都有条件到商店买一条裤子。有些家长没辙了，就到菜市场后面的裁缝店，叫裁缝照着样子做一条。没过多久，班里的女生基本上都有了。”

她很耐心地翻出了一张自己小时候和家人一起吃饭的照片给我看。照片虽然很模糊，但我还是能看出相片中的女孩戴着生日帽，桌上是汉堡、可乐、薯条。在20世纪80年代能吃上洋快餐，着实富有。阿姨翻出来一些她十几岁时用的饰品给我们看，有些发卡已经生锈了，但每一个都很精致。“这是当时韩版的发卡，是我十几岁时收到的生日礼物，这还是爸爸从香港带回来的。”“您当时收到发卡的感受是什么？”她停了一会儿，说：“没别的，就是很开心啊，只记得当时喜欢得不得了。”想到阿姨连儿时的发卡都拿得出来，我就更大胆地问了一句：“那您家还有没有更有历史气息的服饰？”她没迟疑：“我妈妈收藏了几件旧式旗袍。”

我的“衣柜”

我生活在新时代，我的衣柜中的衣物也随着我的成长轨迹在变化。小时候，衣柜里大多是很小的棉衣，颜色、样式也比较单一，但衣服上大都布满了各式各样的花纹。之后，我上学了，衣柜中渐渐多了各季的校服。小学时，校服只有夏季与冬季两款，高中时，校服的样式就很多了，除了夏季与冬季之外，学校还给我们每个人发了衬衫、冲锋衣和西装。

随着年龄增长，我对服装风格的喜好也与儿时有了极大的不同。虽然现在市面上的服装比以前高端，但我反而更喜欢朴素的样式。现在打开我的衣柜，里面是一个整齐、干净的小空间，从上往下看，帽子、衣服等，应有尽有。

■探究活动总结

采访结束后，我去参观了张闻天旧居。二楼的陈列博物馆里有张闻天在各个时期参与重大活动的照片。1951 年，他出任驻苏联大使时拍摄的合照中还未出现西装。从照片来看，他穿了一件毛衣或者衬衫，外面配一件深色的呢子大衣，脚踏黑色皮鞋，正在接见来宾。旧居里展出了一双张闻天穿了好几年的皮鞋，鞋子上的污垢已经再也洗不掉了，鞋底破了，只勉勉强强有个鞋子的样子。他用这双鞋走了多少路？哪怕是这样一双就快要破得穿不起来的皮鞋，他也没舍得扔，可见当时生活条件之艰苦。

服饰变迁的历史，就是一个时代发展的缩影。

指导老师：缪宇

老砖房·筒子楼·商品房

整理人：陆丹宇　唐煜凯

【导读】 1978年至2021年，改革开放历经43年，取得了辉煌的成就。这43年，也是无锡的一部奋斗史。“生于斯，长于斯，居于斯”，我们看着她变成一座越来越美好的城市。这43年的沧桑巨变，改变的不只是这座城市，还有生活在这座城市里的人。

43年前，无锡市人均居住面积不足7平方米。而现在，无锡市人均居住面积提升至近48平方米。在改革开放的推动下，无锡市建立起了完善的住房供应和保障体系，并通过市场调节和政府保障相结合的方式实现了市民安居乐业的梦想。

这次研究，主要从身边熟悉的人开始，所以我选择了我的母亲。

母亲从农村老家的砖房搬到了长安镇上的筒子楼里，怀孕后搬入了镇上的小区里，后来我们家又多次更换了更好的商品房。

■历史纪实

最初的筒子楼位于长安老街上，最多三层，圆拱门下常有修鞋的老师傅。如今，老街已被翻修，成了完全不同的样子，长安镇褪去旧衫，焕发新颜。

我们第一次搬入的商品房在长安镇一个名叫“丽和苑”的小区内。在2003年，这还算是个不错的小区，每栋楼有六层，我们住在二楼，门牌号是102。每层只有两户，楼内没有电梯。小区不大，当时私家车也不多，所以没有停车位。当时，小区内没有垃圾桶，大家把垃圾扔到一个砖砌的小房子里。小区内绿化并不多，也没有什么娱乐设施。

2009年，我们买了私家车，生活还是很便捷的。镇上有两个幼儿园、一个小学、一个初中。我们家有120平方米，家中装修还算不错。户型很简单，方方正正的，装修风格是当时很典型的中式风格。家具以暖色调为主，很多都是木工打制的，一切讲究简单实用。

2011年初，我们搬入了位于梁溪区的“爱家金河湾”小区，小区对面就是无锡汽车站。后来，这里又开通了地铁，交通极其便捷，十分钟左右就能到达市中心。小区里大多是32层的高楼，分为A、B、C三区，后面是别墅，我们一家居住在C区。小区的建筑风格以及内部环境都非常欧式，基础设施也比较好。每个片区都设有滑梯、秋千等供儿童玩乐，B区设有篮球场，A区旁还建了欧式钟塔。我们家约有90平方米，是两室一厅的小户型。厨房是半开放式的，我们用吧台取代了餐桌，在墙上贴了精美的墙纸。小区周围的配套设施很完善，附近有一所小学，后来又建了广勤中学，之后附近还开了一家大商场。在我的记忆中，房子小虽但温馨，生活便捷，是这么多年来给我“家的感觉”最强烈的地方。

2013年，我家购入了第三套房，它位于省锡中初中部对面的“绿地”，与省锡中西校门仅隔了一条马路。当时政府已经出了限购规定，所以我家把镇上的房子卖了。由于这套房既是二手房又是第二套房，我们大概多交了2万左右的各类费用。同年，我家在惠山万达买了一套公寓，花了40多万。这是精装现房，从地下通道可以直达万达金街，生活非常方便，但没有固定停车位，停车场收费比较贵。我们短暂居住后决定出租，后来这里就变成了我母亲的工作室。

2015年，我升入初一，搬进了现在的新家——奥林匹克花园，离万达只有两条街的距离，和地铁站只隔了一条马路。现在的家有120多平方米，是复式的户型，也就是小双层。家里的装修更加精致，我们花了40万不到的装修费用。家里的楼梯是红木的，墙上贴的是有立体花纹的墙纸。因为地方大了，所以我们做了一些别出心裁的设计，比如修了一个小小的池塘来养鱼。

■探究活动总结

“家”是一个亲切、温暖的字眼，“有房才有家”的理念深深地烙在中国百姓的心中，很多人忙忙碌碌一辈子就是为了这个“家”。“家是最小国，国是千万家。”百姓住房的变迁，既是家庭生活的真实见证，也是国家发展进步的缩影。从狭小到宽敞，从平房到高楼，从有房住到住好房，改革开放以来，无锡人民的居住条件发生了翻天覆地的变化。

改革开放初期，样式统一、单调的平板房取代了破旧不堪、年久失修、岌岌可危的破旧民居。虽然房屋内只有床、桌子、椅子等基本家具，但看上去简朴、整洁。20 世纪 90 年代，国家开始兴建经济适用房，为中低收入家庭提供了“买得到、住得起”的房子。这种房屋有独立厨房、厕所，质量有保障，小区环境优美，购物交通也方便。如今，人们居住的选择更多了，有高层住宅区，有复式楼，有花园小区，甚至还有单门独院的特色别墅。

随着经济的高速发展，人们的收入多了，对生活水平的要求也大大提高。人们从追求实用到追求别致，更加注重家装、物业、配套措施。人们从买房自住到买房投资，这也是国家走向小康和富裕的体现。

当我们登上高楼远眺城市的景色时，也可体会到古人“会当凌绝顶，一览众山小”的豪情。我坚信，若干年后，我们的住房条件乃至生活也一定会越来越好！

指导老师：缪宇

走出水巷旧影

口述人：奚阿婆

整理人：张梦圆　毛乐怡

【导读】 20世纪80年代的无锡依旧有着烟雨朦胧的江南韵味。步入那些青石街道，平滑的石板早已磨损、破碎、坑坑洼洼，屋内的白墙早已布满乌青的苔藓，雨水腐蚀了屋前的台阶，小巷子里溢着不可名的异味。居民的生活，更是十分不方便……

■历史纪实

老屋旧影

奚阿婆年过六旬，以前是潘窑上的老居民。据她回忆，那时的潘窑上，附近是一片老屋，屋子与屋子紧紧挤在一起。她家的老屋很低矮，是常见的无锡民居。历经多年风雨，老屋早已破损。屋内常年阴暗、潮湿。犄角旮旯处时常有蟑螂、老鼠出没，家中常备老鼠药和老鼠夹。厨房里用的是旧时灶台，做饭时，油烟呛人。整个屋子颤巍巍的，散发着暮年腐朽的味道。

老房子带有阳台和小庭院。阳台是阿公自己砌的，面积较大。阿婆喜欢在这里晒粮食。家里人常在小庭院里种植一些盆栽、小菜。家中老人在屋边种了一棵葡萄树，葡萄成熟后，家人会把葡萄摘下，酿成甘甜的葡萄酒。但等到绵绵梅雨之期，各种问题便不断出现。院子处在低洼处，地面难干，奚阿婆和一些居民年纪大，不免患上风湿骨病。那时自来水未普及，大家只能到井边打水。井水时常不干净，只能用来洗洗衣服。至于污水，因为排水系统不完善，人们常常直接从阳台往下泼水。因为垃圾处理得不及时，巷子里常常溢着一股异味。

改革开放之初，政府鼓励人们开展副业。简单来说，就是自家养些家禽。阿婆笑着说，那是一段欣喜与苦楚交织的时光，院子里满是扑腾着翅膀的肥鸡、肥鸭。但家禽排泄物的气味很难闻。那个时候，鸡蛋是珍贵的存在，年纪尚幼的孩子也得强忍着害怕，穿梭在家禽间小心翼翼地拾起珍宝般的鸡蛋，然后骑着父母28寸的大自行车，到人群中叫卖鸡蛋。

在那个生活贫困的年代，没有热水器，大家便将水放在阳台上，借着太阳光的热量晒一盆水。公交车不多，阿婆常常步行出门。附近只有一个小公园。说到生活中的麻烦，阿婆还提到，因为技术尚未普及，没有监控和适当的防盗措施，许多人家虽然装了防盗门，但因为房子老旧，小偷总能寻到可乘之机，盗窃案件经常发生。

拆迁事宜

改革开放以来，政府认真考察老屋的现状，颁布了详细的拆迁政策，根据每家每户的情况制定合适的安置方案。那些暂时无房的人员可租住房屋，向政府报销拆迁期间的房租、水电等相关费用。无论有房或无房，政府都会定期向百姓补贴一些生活费用，保证人们在老屋被征用后也可以有相对安稳的生活。然而，毕竟是几十年的老屋，老居民们都很不舍。政府人员晓之以理，到各家说明情况。过了一段时间，大伙终于搬到新房子里去了。

新房新貌

住惯了老房的奚阿婆和老居民们看到新小区时大吃一惊：高大的楼房、绿草花卉、宽敞的停车场、崭新的健身设施。楼内有电梯，走廊里没有杂乱堆放的杂物。屋子里很敞亮，抽水马桶、浴缸一应俱全。没有白蚁、老鼠，没有漏洞、青苔，不用担心漏水腐蚀，不用担忧梅雨时节的遍地水渍。供水、供电也方便，打开水龙头，清凉的水便源源不断流出，水也没有异味。奚阿婆家很快安装了地板，贴了瓷砖，安装了空调、电视、热水器，后来还接上了网线。奚阿婆回到家，打开热水器可以直接洗澡，空调吹来清爽的风，WiFi联通世界的每个角落。

不仅如此，小区周围还有多家超市。菜市场迁到了居民区附近。社区里有文艺活动室、体育健身室。人们心心念念的小公园也扩建成了大公园，晚上广场灯火通明，人头攒动，好不热闹。检查卫生、煤气的人定时上门服务。每天早上四五点，垃圾车会过来收垃圾，小区始终保持整洁。

再说出行。公交车站就在小区门口，在短暂的等待后，就有公交稳稳当当地停在面前，上车就能到市中心。

然而，事情总是有两面性。换了新房，也会有新的烦恼。阿婆常常感叹，怀念以前大家聚在一个屋子里时热闹的家族生活。那时候，孩子绕着院子不厌其烦地玩着你追我赶的游戏，老人则在厨房中忙碌着，不时探出头来瞧一眼。阳台窄小，她不能再晒粮食了。小区里常常没地儿晒衣服，大伙只能自己找树系绳子，为此还引发了不少纠纷。电梯偶尔会出毛病，因为有些人会运一些重物上楼，导致电梯超载。总之，还有一些地方有待完善。

总的来说，大家还是很满意的。政府在随后几年也相继颁布更多政策，在计划生育、医疗保障、养老扶贫等方面普惠百姓，大家的生活水平和从前相比有了质的飞跃。

■探究活动总结

奚阿婆原住在潘窑上，生活不便。但说起那时的生活，她的脸上总带着淡淡的笑容。她有时目光凝滞，低头不语，似乎还沉浸在过去的生活里。谈到现在便捷的生活，她总是笑得合不拢嘴。他们那一代人，儿时贫穷，年轻时艰苦奋斗。他们见证了老房子的变迁，见证了无锡改革开放以来的众多变化，对于新生活更充满感慨。

在访谈中，听着奚阿婆的叙述，一幅旧日江南的生活图景缓缓在我们面前展开。历史在老人口中仿佛被重新编织，听起来如此真实而又鲜活。我们更加体会到口述史的魅力。

居民住房情况能够直接反映人民生活水平、社会发展状况和综合国力。针对当时的住房状况，城镇居民住房制度改革的相关政策相继出台，从 1988 年的《国务院关于印发全国城镇分期分批推行住房制度改革实施方案的通知》，到 1991 年的《国务院关于继续积极稳妥地进行城镇住房制度改革的通知》，再到 1993 年的《关于加强房地产市场宏观管理促进房地产业健康发展的意见》等，中国特色社会主义制度显示出其独特的优越性。

一次访谈，获益良多。

指导老师：张雪亚

从自行车到私家车的飞跃

口述人：戈月新　戈　华　常武新等
整理人：张莘琳　杨婧颖　刘好婕

【导读】 四十多年前，对于普通的无锡百姓来说，买一辆自行车是奢侈的。现如今，各种品牌的私家车不经意间就从我们身边疾驰而过。与此同时，高速公路、快速通道也在有序建设。改革开放至今，从永久、凤凰、飞鸽等品牌的自行车，到摩托车，再到私家车，无锡人民与它们碰撞出了别样的火花。

■历史纪实

妈妈的童年回忆

混合着风的伴奏，骑着凤凰牌自行车，外婆载着年幼的妈妈在昏黄的灯光下悠悠穿行，空气中弥漫着饭香。

当春天来临时，万物苏醒，嫩绿的小草也偷偷地钻出了地面，妈妈和村里的同学从匡村中学结伴骑车回家，哼着小曲，呼吸着来自早春的湿软的新鲜空气。

夏天，骄阳似火，阳光烘烤着地面。贪玩的孩子们骑着自行车，穿梭在崎岖不平的乡间小路上。夏日的小路，有草丛里青蛙的“呱呱”声，有树上知了的“吱吱”声，还有孩子们的笑声。

秋天是丰收的季节。外婆和外公在田里忙碌，而妈妈则可以骑车欣赏秋天独特的风景。

冬天，一大清早，外公便骑着自行车出门了，他打算去购买过年的物资。妈妈最喜欢的就是大白兔奶糖，吃起来甜滋滋的。刚到下午 4 点多，太阳就已经收起它那淡淡的光，好像也怕冷似的，躲进了像棉胎一样厚的云层。妈妈在自家空地上等着外公归来。

这是妈妈记忆中有自行车的童年。

戈华姐弟俩的自行车

1988年，在无锡杨市仁里桥，戈月新、戈华这对姐弟收到了他们人生中的第一辆自行车——上海凤凰牌自行车。姐弟家中还算富裕，在那个年代，能拥有一辆属于自己的自行车，是非常令人开心和骄傲的。

这对姐弟欣喜若狂地奔出大门，眼里满是惊喜和好奇。他们用双手不停地抚摸着自行车的每一处，用眼睛不停地打量着自行车的全身：车身是紫色，把手是银色，把手上固定着一个黑色的车铃。两人不约而同地把车铃拨响。这不，周围的邻居来看热闹了。

“哟，买了自行车呐，还是两辆！”

“这自行车真是好看！”

“凤凰啊，肯定老贵了！”

好奇的村邻都想看看自行车。姐弟俩也是热心肠，还把车借给他们试骑。

自此以后，姐弟俩的自行车形影不离。在崎岖不平的水泥路上，尽管一路颠簸，姐弟俩依旧玩得不亦乐乎。

20世纪80年代后，自行车走进千家万户，成了最普遍的交通工具。

阿新的摩托车

交通工具更新换代十分迅速，自行车很快就被摩托车代替。戈月新女士和她的同事与摩托车有一个有趣的故事。一天，阿新和同事从位于钱桥的单位骑摩托回杨市，在一个红绿灯口等红灯时，同事的双脚正好着地。阿新也不知道，两人依旧嘻嘻哈哈地聊着。绿灯亮了，阿新启动摩托，一下子冲了出去。同事还留在原地，而阿新依旧开心地说着话。好久没有听到同事的回应，她回头一看，身后空荡荡的，远远望见一个人拿着包，一瘸一拐地跑着，还大笑着喊着：“戈月新，等等我啊，哈哈哈！”阿新慢慢停下摩托车，一边等同事，一边捧腹大笑。

常武新的桑塔纳

“1997 年，考虑到自己马上要下海做生意了，需要东奔西跑，我便下定决心要买车了。”常武新回忆道。

那时候，马路上的汽车本就不多，更别说私家车了。当时，可选择的新车也很少，只有普桑、富康、夏利、捷达、广州标致、奥迪等。他要买车的消息在朋友圈里就像爆炸性新闻一样传开了。朋友们主动给他出谋划策，有的还帮着挑选车型。当时，他刚下海做生意，手头的现金有限。他咨询下来，一辆奥迪要 30 多万。他想来想去，还是普桑最实惠。

那时，武新还不会开车。买车必须要有驾驶证才行，可学车至少要花半年时间，他没有时间学车。经打听，请个司机开车，就可以买车了。所以，他立刻到无锡第二公证处做了公证。常武新记得很清楚，那天，他先去银行取了钱，放在包里，就迫不及待地去提车了。

当时，他特别激动，拿着车钥匙的手都在微微抖着，心里一遍又一遍地想着：它以后是我的车了。尽管常武新之前也坐过小汽车，但是坐在自己的车里，感觉完全不一样。他忍不住四处打量，越看越满意。提好车，他就立刻让司机开车带他到大马路上转悠了一圈，他至今都还记得当时内心那种难以言说的满足感。

因为有了车，他经常在沪宁线上跑，经营范围也逐渐扩大到其他城市。

■探究活动总结

改革开放不久，许多自行车品牌相继崛起。永久、凤凰、飞鸽等品牌的自行车成为人们向往的交通工具。凤凰牌自行车出自中国第一家自行车车行——同昌车行，车行有百年历史。20 世纪 90 年代，自行车的生产发生了巨大的变化。轻便车、山地车、变速车、赛车已经开始盛行。自行车已普及进入千万家庭。

20 世纪 80 年代，摩托车可以说是一种奢侈品，亦是一种身份的象征。嘉陵本田是 80 年代的产物。在那个年代，有这么一款摩托车，在朋友面前很有面子。

1994 年年底，北京国际家庭轿车研讨会在国贸中心召开，全球各大汽车公司送来各自的家庭车型参会，从此，中国有了第一批车迷。

指导老师:缪宇

收音机·电视机·智能手机

口述人：赵玉娟　郭严良　王阿姨
整理人：郭鼎元　吴　际

【导读】 1901年，马可尼发射无线电波横越大西洋。几年后，他以此为基础发明了世界上第一台收音机。23年后，“魔术师的匣子”——电视，出现在人们的视野中。72年后，一名男子站在纽约的街头，掏出一个砖头大小的无线电话开始通话。这个人就是手机的发明者马丁·库帕，当时他还是摩托罗拉公司的工程技术人员。从此，信息的传播速度得到了极大提升。

从简陋的收音机，到现在迈向5G时代的智能手机，家庭电子产品在过去的一个世纪中发生了翻天覆地的变化。在中国的大地上，一代又一代的科研工作者勇立时代潮头，用自己的青春和智慧推动了先进的电子产品在神州大地上的传播。

■历史纪实

收音机

我的第一个采访对象是赵玉娟女士。赵女士出生于20世纪70年代，当我问及她什么时候见到第一台收音机时，她轻描淡写地说：“收音机？从我记事起就有了。”根据我查到的资料，中国在1953年才掌握收音机的生产技术。而在那个物资贫乏、交通闭塞的年代，一个贫困小村的家庭居然有了收音机。

赵女士见过的第一台收音机是她叔叔家的。据赵女士讲，那台收音机的外边框是木制的，很古朴。当被问及是否使用过这台收音机的时候，她笑着说："我有过这样的想法，可怕弄坏了。 当时，我的妈妈也不让我碰那个东西。 我的叔叔还会把收音机藏起来。"据她说，她的叔叔一直用红布把收音机包起来，放在柜子里，使用前还要仔细地给收音机擦灰。

赵女士说："我当初以为电池里有信息，收音机能把它读出来。 我有个同学以为收音机连着村里的大喇叭，节目都是村里录好的，当时还特地组织大家去找录音的地方……现在想想那时的自己真幼稚啊。"收音机承载着赵女士满满的回忆。

电视机

"我是在上小学的时候看到电视的。 那时，谁家有台电视，真的不得了。"郭严良先生说到这个话题时眉飞色舞，仿佛在描述一件激动人心的大事。 "当时，一个镇上有四个生产大队，只有我们大队有电视，你说厉不厉害？ 其他大队的人还专门跑到我们大队来看电视呢。 当时提到一队的老丁家，谁不竖起大拇指夸。 你想，请电影队来放场电影要 20 块！ 一年都看不了一两回。 买了电视，天天看，你说好不好？"当时，老丁家的电视还是黑白电视，信号不好，经常播着播着就出现满屏的雪花，发出杂音。 "当时，我们也不知道信号不好，只能站着干着急，有时候一站就是几个小时，等人家关电视了才走。 那时候，看电视的人多，多得屋子里都站不下，我们得站到屋子外面。 有时候，家长带着小孩来看电视，看入迷了，结束后才发现小孩不见了。"

我问老郭当时有哪些频道，老郭回忆道："和现在比当然是很少了，我记得就三个频道：两个中央台，还有一个宿迁台。 中央台的信号好，播放时很流畅。 宿迁台的信号一直不好，时断时续的。"

老郭接着说："那时候，我的妈妈很辛苦，一直在家做煎饼，卖钱补贴家用。 她没有时间看电视，我就给她讲电视播放的内容。 她经常边听边对我说：'要是有一天，你也能买得起电视就好啦！'我当时就想，以后一定要让妈妈看上电视。"

我不禁问："后来呢？""后来，就真的买了电视。 我出来打工，帮别人做活，后来自己开了个小店，生意好，就去买了台电视。 那台电视可是彩色的！ 过年时，我迫不及待地把电视机搬回老家，还和邻居炫耀了好一会儿。"

现在，郭先生家里有两台电视。 当提到这些年的变化时，郭先生不无感慨地说："现在跟以前没法比啊。 想想看，只过去了三十多年而已，变化就已经这么大了。我现在也在玩抖音之类的，要跟上时代嘛！”郭先生发出爽朗的笑声。

智能手机

“我就是个卖早点的……”王阿姨接到我的采访邀请，起初有些不好意思。不过在我的劝说下，她还是答应了。

“我是从2006年开始卖早点的，一开始在风雷新村卖，搬家后就到东亭这儿来了。手机支付的功能，我用得比较早，我从2016年底就开始用了。”王阿姨接着说，“先出现的是BB机，大哥大是后来才出现的。然后，市面上出现了小灵通。当时，我老伴赶潮流，给我也买了一个，是按键的。”说着，王阿姨找出了她和老伴的手机。手机充满了年代感。

“又过了几年，智能手机开始流行。有一天，一个小伙子突然问我‘阿姨，我可以用手机支付吗？’我当时懵了，后来就去问儿子，让他帮我注册了一个支付宝账号，用上了手机支付。2017年，又出现了微信支付。”

我问王阿姨刚开始用手机支付时的感受，王阿姨笑了笑说：“一开始肯定不适应，觉得钱存在手机里没有现金来得实在。适应了以后，我觉得方便多了。我现在买东西都用微信支付，方便，不怕被偷，还不会收到假币。你看，这多好。”

我临走时，王阿姨还不忘语重心长地勉励我：“所以说，现在的生活真是越来越好了，能用手机买东西。你们要好好学习，以后也搞这种发明，回报社会。”手机对一位老阿姨的生活能产生如此大的影响，也足以见得科技发展的速度之快。

■探究活动总结

电子产品早已成为人们生活中不可或缺的一部分，在新事物出现时，人们要勇于接受和适应。在这个信息爆炸的时代，我们要终身学习。

但同时，我们也要注意消除电子产品产品带来的负面影响，不要沉迷游戏，不要让电子产品剥夺我们的睡眠时间。

指导老师：缪宇

锔匠王耀辉的锔艺之路

口述人：王耀辉

整理人：谢　灵

【导读】 中国有句古话，叫“没有金刚钻，别揽瓷器活”，这说的就是一门古老的民间手艺——“锔瓷”。《清明上河图》里就有对街边“锔瓷”场景的描绘。早年间，我们在大街小巷还能听见“锔盆子、锔碗、锔大缸喽”的吆喝声，可随着时代的发展，这样的吆喝声伴随着传统手艺一起渐渐消失了。

■历史纪实

初遇锔瓷，心生向往

王耀辉是地地道道的宜兴人，从小生活在太湖边的洋溪毛渎。1996年，他入伍当兵，部队驻地就在徐州市。徐州是汉文化最为辉煌的历史文化名城。他常常利用休息时间在当地游览，了解徐州的风土人情和悠久历史。有一天，他在一个村庄听到了一阵“叮叮当当”的声音，清脆悦耳。他循声望去，只见一个手艺人在修复什么东西。带着好奇，他上前看个究竟。不一会儿，原来破损的瓷碗就在艺人的手中被修复完好。水注入碗中，丝毫不漏。这让王耀辉大开眼界。通过交谈，他了解到这种手艺活叫“锔瓷”，是中国古老的瓷器修复技艺。2005年7月21日，位于北京市西城区前毛家湾胡同1号院内的中央文献研究室人员在铺设供暖管道时发现了一个明代早中期的瓷片坑，出土了100多万件瓷片。很多器物上有锔钉孔，有的还留着锔钉，这充分证明了锔瓷这项手艺至少在明代早中期以前就已经十分普及。但是随着社会经济的发展与人们生活方式的改变，锔瓷手艺逐渐没了市场，这让王耀辉觉得非常可惜。在对锔瓷深入了解后，他萌发了一个念头，要把这项濒临失传的手艺传承下去。

拜师学艺，孜孜追求

1999年12月，王耀辉退伍，回到了阔别已久的故乡。虽然在家乡看不到锔瓷手艺人的身影，但他总是放不下曾经的念想。锔瓷作为中华民族传统的民间技艺，不仅有文化传承的价值，也是中国瓷文化的见证，对于考古和修复古旧瓷器具有重要的历史意义。于是，他四处打听老一辈手艺人的下落，但大多老锔匠都已过世。功夫不负有心人，王耀辉终于得知还有锔瓷手艺人健在，他的名字叫钱洪苟，就住在周铁镇上。

钱洪苟年轻的时候，锔匠在各村还是很受欢迎的。冬闲时，锔匠挑着担子，喊着“锔盆——锔碗——锔大缸嘞”，伴着“叮叮当当”的响声走街串巷。那个年代，还没有幼儿园，孩童整天满大街乱跑，伙伴们唱着童谣：“锔盆子、锔碗、锔大缸啊，小孩的裤子掉水缸啊，水缸有个小金鱼啊，红嘴巴啊，白肚皮啊。”人们跑到锔匠面前，把破损了的碗盆递给锔匠。谈妥价钱，锔匠就把摊子支在门口，开始干活。锔匠先用小刷子把茬口刷干净，用绳子把碗绑起来固定住，再画出打孔的点，拿出一个类似胡琴的弓子，把金刚钻头缠在弓子的细绳上，拉动弓子，开始打孔。锔匠小心翼翼，围观的人群也跟着锔匠屏住呼吸。之后，锔匠找到合适的锔子放进锔眼儿里，用手指大小的小锤子轻轻敲打。随着一声“好嘞”，锔匠直起身子，解下绳子，在裂痕处再细细抹上一层调制好的油灰，一个碗就锔好了。这时，老锔匠会向碗的主人讨点儿水，把水倒入锔好的碗里，滴水不漏。

王耀辉喜出望外，立即赶到钱洪苟家里，想拜他为师。钱老知道了他的来意，马上婉言谢绝。钱老皱着眉头说：“小伙子，你学这个干什么啊？现在没人学这个了，老百姓生活好了，也不用修碗了。你学这个吃不饱饭啊！”然而，王耀辉并没有放弃，他把自己的想法告诉老人：“钱老，我对这门手艺真的非常感兴趣。我不希望这门传统手艺失传。而且锔瓷不仅仅是一门技术，也是我国的传统文化。”他多次上门拜访老人，与老人聊天，帮老人办事。精诚所至，金石为开。经过两年多的拜访，钱洪苟终于答应收王耀辉为关门弟子。

在钱洪苟的简陋的房屋里，王耀辉聚精会神地听从老师傅的教导。过去，钱洪苟走街串巷，凭着一把钻子、两把“疙瘩锤子”，为无数人修锅碗。现在，他想不到还会重新拾起这几乎湮灭的老手艺，而且身边多了个不知疲倦、勤奋好学的年轻人。师傅教得认真，徒弟学得入神，几个月后，王耀辉就能独立操作了。

王耀辉知道，他离自己的初心和梦想又近了一步。

传承过往，创新未来

王耀辉认为，每个人都是历史的过客，人老了，但老物件还在。只要有老物件在，就有人的精神在。一个老物件，往往连接着许多残存的记忆。尽管斗转星移，岁月远去，但有了这些老物件，那些记忆就很难抹去。

有一次，店里来了一位无锡的客户，她的手镯是结婚时的定情信物。后来丈夫离世，她时常会抚摸手镯。有一次，她一不小心将手镯摔成四片，难过极了。王耀辉安慰她，自己一定尽力修补好。他用银作花片，雕上精美的纹饰包嵌，将破碎的手镯重新修补完整，甚至更为美观。拿到手镯后，客户感谢不已。

数年过去了，王耀辉的技术越来越精湛。但他没有满足于老一辈手艺人的技艺，而是想到了创新。锔瓷中会用到的手艺有金缮和锡补。过去的锡含铅量较高，毒性较大，如今，王耀辉用了一种锡合金，无毒无害。

为了使锔瓷更加美观，更符合现代人的审美，他把之前的铁制锔钉换成了铜的、银的、金的，并且越做越小，更光滑规整。他告诉我，那些锔钉都是锔匠自己打制的。另外，他不仅试着把包口换成了银，还对锔好的瓷器、紫砂壶进行抛光打磨，以求更加美观。

王耀辉说，锔钉分为金钉、铜钉、花钉，锔钉的大小得根据器物的大小以及破损程度来计算。这样，器物修复后不仅盛水不易漏，而且还给器物本身增添了几分韵味。当然，这些步骤和细节都与锔瓷艺人长期积累的经验息息相关。别小看锔瓷，这是个精细活，要耐心、细致，更要有一丝不苟的工作态度。我想，这就是所谓的工匠精神。

2012 年，王耀辉申请了宜兴市非物质遗产传承人——传统修补工艺师。王耀辉说，他当初申请非遗时，花费了许多心血。刚开始做的时候，他的收入支撑不了爱好。幸好，经过这么多年的努力，他融入了一个无锡的茶艺圈。圈子里的人听说有锔瓷这门手艺，都很惊讶，也很开心。他们一下子送了几十套破损的茶具，王耀辉夜以继日地修补，终于获得了茶艺圈的认可，越来越多的人将收藏的破碎瓷器送到他这儿来修补。

但和大多数传统手工艺一样，“焗瓷”依然面临着传承困难的问题。时代在变迁，人们的生活方式在变化。锔匠渐渐没了用武之地，年轻人也不愿意学。然而，每一种传统手工技艺都凝聚着许多代艺人的心血，蕴含着丰富的文化内涵。传统手工艺的湮灭，意味着传统文化的断层。幸好，越来越多的年轻人开始关注传统手工艺，王耀辉也收了三个徒弟。今年，王耀辉有幸被无锡南洋大学、无锡科技大学聘为客座教授。他还计划在少年宫开设一门课，让更多的孩子从小了解这门手艺。

■探究活动总结

传统技艺往往“以人为载体，以人为主体，以人的观念、知识、技能、行动作为它的表现形态”，依靠工匠口传身授、代代相传，鲜少有文字记录。随着社会发展，很多传统技艺因为失去市场、缺乏创新等问题面临失传的困境。通过口述访谈收集和保存一手原始资料，我们可以对传统技艺进行抢救式记录。

我在高一的研究性学习中，做过关于古镇居民的主题调查，当时选择了开发程度较浅、老居民较多的周铁古镇。在研究过程中，我认识了传承锔瓷技艺的王耀辉老师，出于对中华传统文化和锔瓷技艺的兴趣，我决定以王耀辉老师为访谈对象，运用口述历史的研究方法，记录下他的锔瓷传承之路。

首先是初访，我先请王老师按照时间顺序简要回顾锔瓷技艺的传承之路，并介绍了锔瓷的大致工艺。回家后，我利用互联网和图书馆搜集资料，进一步了解锔瓷技艺的起源和发展、工艺特点、文化价值和传承意义等信息。

接着，我根据初访信息和现有资料设计了访谈问题，主要包括受访人的个人基础资料信息、个人成长历程、学艺历程、对于技艺传承的看法等，交由王老师审阅修改，确定了最终的访谈提纲。

在做好充分的访谈准备后，我在王老师的工作室“紫怡居”开展现场访谈，按照提纲逐个提问，并根据现场情况随时调整访谈问题，比如调整问题的顺序、补充历史细节，等等。在王老师谈及对老物件的敬畏时，我追加询问了老物件修补背后的故事，了解到很多感人的经历；在介绍锔瓷技艺的步骤时，我请他进行现场展示，便于深度观察与记录。对于此次访谈中没有充分展开的问题，我又追加了两次访谈，前后共收集了近四个小时的录音、录像资料。

然后是文字转录。这个过程烦琐、耗时，需要认真细致的态度。有些内容和专用术语要在父母和王老师的帮助下，我才能敲定。之后，我才开始写作。我将转录文稿全部完成后交王老师审核，确保无误。

我会继续前行，记录更多的传承故事，也让更多的人了解传统技艺。

指导老师：钱怡婷

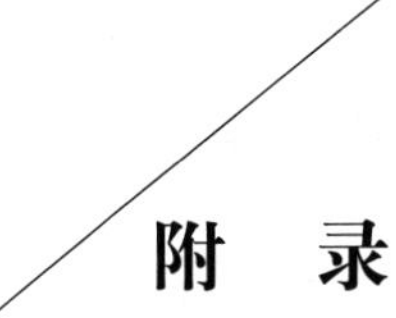

附　录

《中学生做口述史》研创式大任务课程纲要

张雪亚

一、一般项目

开课教师：张雪亚、缪宇、刘爱国
课时数：56
适用年级：高一
资源配合：有多媒体的专用教室；图书馆图书资源；计算机教室
教材来源：自编教材
面向专业大类：人文

二、课程简介

在本课程中，学生分组合作，运用口述历史的研究方法，遵循实证研究的原则，以活动体悟和探究启悟为主要学习方式，完成一项课题研究。学生在真实的情境中解决实际问题，全方位锻炼语言能力、交际能力、合作能力、组织能力、调查能力、技术能力、实证能力、写作能力等各项能力，提升历史学科核心素养、人文素养、实证意识、公民意识和社会责任感。课程内容主要包括口述历史理论学习、模拟访谈和课题实践三部分，采用过程性评价和结果性评价相结合的评价方式。本课程适用于对人文专业感兴趣以及将来专业意向为历史学、社会学、哲学、政治学、语言学、新闻学、心理学、博物馆学、图书馆和档案馆学等人文专业方向的学生修习。

三、背景分析

（一）需求分析

1. 时代发展的需求和新课程方案育人目标的变化

面对新时代提高全体国民素质和人才培养质量的新要求，普通高中新课程方案提出要进一步提升学生综合素质，着力发展学生核心素养，使学生成为有理想、有本领、有担当的时代新人。而口述历史的“跨学科性”特点，使它几乎涵盖了全部的社会科学，比如：口述历史访谈需要新闻学的采访技巧；选择需要社会学的社会调查和统计方法；受访者口述历史的转录和编辑需要语言学的表达方式；口述历史的解释需要哲学的诠释学理论和心理学理论；口述历史的收藏需要图书馆和档案馆的编目和保存知识；口述历史的传播需要掌握现代各种媒体的操作方法等。所以在口述历史课程中，学生能获得包括语言能力、交际能力、合作能力、组织能力、调查能力、技术能力、实证能力、写作能力等各项能力的全方位训练，也为对人文专业感兴趣以及将来有志于从事人文专业的学生提供了体验和锻炼的机会。同时，口述历史引导学生关注人民的历史，关注社会的发展，了解个人与时代的关系，对于学生人文素养、实证意识、公民意识和社会责任感的培养大有裨益。

2. 学生对校本课程的期待和学校育人目标的需求

在对我校学生的调查中，学生最需要校本课程提供帮助的领域包括创新能力、专业特长、交往能力、团队合作、心理素质等，我校更坚持把培养生命旺盛、精神高贵、智慧卓越、情感丰满的时代新人作为教育“成全人”的最高目标，而口述历史课程是实现这些需求的有效途径。学生在真实的任务情境中，组建合作团队，运用口述历史的研究方法，遵循实证研究的原则，以活动体悟和探究启悟的学习方式，从分析背景、确立课题，到设计提纲、进行访谈，再到转录文稿、整理资料和后续研究，全程参与整个研究过程，充分发挥学生的主观能动性，全方位锻炼学生的各项能力，提升学生的核心素养，在潜移默化中达成育人目标。

3. “四史”学习的要求和历史学科核心素养的需求

习近平总书记指出，“要把学习贯彻党的创新理论作为思想武器的重中之重，并同党史、新中国史、改革开放史、社会主义发展史结合起来”。口述历史课程由学生采访身边的历史人物，记录中国生动的历史故事，亲手触摸民族复兴的历程和时代发展的脉搏，在体悟中坚定社会主义的道路自信。而口述历史课程也使得历史不再是风干的教条，学生在实证研究的过程中学会了历史学科典型的学习方式，从实践中求得真知，获得能力的提高、经验的积累、情感的体验和智慧的提升，发挥历史学科立德树人的功能。

（二）目的意义

“中学生做口述史”是一门跨学科的实证研究课程，有利于提升学生的语言能力、交际能力、合作能力、组织能力、调查能力、技术能力、实证能力和写作能力等多项能力，培养学生的历史学科核心素养、人文素养、实证意识、公民意识和社会责任感。这与新时代新课改的需求、学生对校本课程的期待、锡山高中的育人目标、“四史”学习的要求和历史学科核心素养的需求高度契合，也为对人文专业感兴趣和有志于从事人文专业的学生提供了体验和锻炼的平台，对于人文专业未来人才的培育大有裨益。

四、已有基础与所需条件

锡山高中校本课程的开发与实践已有二十余年的历史，目前已进入4.0课程方案，锡山高中有着丰富的课程开发经验和完善的课程支持系统，为课程的开发奠定了坚实的基础。而口述历史课程团队则有着近十年的课程开发经验和成熟的师资配备。课程核心团队由三位有丰富课程经验和硕士学历的历史教师组成，并聘请本校历史、语文、政治、信息技术学科的教师和大学教授作为专家顾问。我们目前已完成课程方案的研制、校本教材的编写、学生作品的出版和博物馆专题展厅的布置，并在此基础上衍生出一项省级课题、两篇硕士毕业论文和多个口述历史研究项目，在核心期刊、省市级期刊发表多篇论文，为课程的持续开发创造了条件。

五、课程目标

1. 通过学习口述历史教材、观看影音资料，学生能阐述口述历史的发展沿革、基本概念、重要特点、研究意义等基本理论，并通过查阅文献、分组讨论，形成对口述历史独到的见解。

2. 通过学习口述历史的操作流程，学生能以小组合作的方式完成一次模拟访谈，并通过回放录像总结访谈注意事项，进而将其运用到后续课题的实践中去。

3. 通过学习理论和模拟实践，学生能以小组合作的方式完成一项研究课题，包括选择研究课题、分析背景资料、确定访谈对象、撰写访谈提纲、完成口述访谈、形成逐字文稿、整理转录文稿、撰写研究论文、完成论文答辩。

4. 通过举办研究成果展示会，学生能以小组为单位，通过PPT的形式展示研究过程和研究成果，分享课程感悟，体验合作、分享、尊重、互惠的教育意义。

5. 学生能完成所有的学习任务，从而获得语言能力、交际能力、合作能力、组织能力、调查能力、技术能力、实证能力和写作能力的全方位锻炼，提升历史学科核心素养、人文素养、实证意识、公民意识和社会责任感。

六、内容与实施

单元名称	单元目标	具体内容	对应课时与操作安排
口述历史的基本理论	1. 通过学习口述历史教材、观看影音资料，学生能阐述口述历史的发展沿革、基本概念、重要特点、研究意义等基本理论。 2. 通过查阅相关文献、分组讨论，学生能形成对口述历史独到的见解。	1. 教师介绍课程纲要，明晰阶段任务和评价方案，展示往期学生优秀作品。 2. 引导学生学习课程教材，观看影音资料，阐述口述历史的基本理论。 3. 学生自主查阅相关文献，分组讨论交流，形成300字以上的口述史见解小论文。	第1、2课时介绍纲要，展示作品。 第3、4课时引导学习，阐述理论。 第5、6课时查阅文献，分组讨论。

（续表）

单元名称	单元目标	具体内容	对应课时与操作安排
口述历史的操作流程	1. 通过学习口述历史的操作流程，学生能以小组合作的方式完成一次模拟访谈。 2. 通过回放模拟访谈的录像，师生共同总结访谈注意事项。	1. 引导学生学习课程教材，观看影音资料，熟悉口述历史的操作流程。 2. 引导学生以小组合作的方式，选择身边可操作的课题，撰写和修订访谈提纲，完成一次30分钟左右的模拟访谈。 3. 通过回放模拟访谈的录像，比照优秀访谈案例，引导学生进行组内讨论和组间讨论，师生共同总结访谈注意事项。	第7、8课时引导学习，熟悉流程。 第9—12课时分组探究，模拟访谈。 第13—16课时回放录像，讨论总结。
口述历史的课题实践	通过学习理论和模拟访谈，学生能以小组合作的方式完成一项研究课题。包括选择研究课题、分析背景资料、确定访谈对象、撰写访谈提纲、完成口述访谈、形成逐字文稿、整理转录文稿、撰写研究论文、完成论文答辩。	1. 由教师提供课题或者学生自主选题，小组成员分工合作，通过实地走访和查阅文献等方式收集背景资料，在此基础上完成课题论证，撰写课题研究计划。 2. 根据课题研究计划，小组成员分工合作，寻找联络受访人，完成电话初访，撰写并修订访谈提纲。 3. 根据课题研究计划，小组成员分工合作，确定正式访谈的时间和地点，做好正式访谈的准备工作。 4. 根据课题研究计划，小组成员分工合作，完成正式访谈，并及时整理访谈录音，完成逐字文稿和整理文稿。 5. 由教师示范论文书写规范，指导研究小组合作撰写一篇不少于3 000字的课题研究论文，并进行查重和修改，通过论文答辩。	第17—22课时论证课题，撰写计划。 第23—26课时确定对象，修订提纲。 第27、28课时确定访谈，做好准备。 第29—38课时正式访谈，整理文稿。 第39—50课时撰写论文，完成答辩。

(续表)

单元名称	单元目标	具体内容	对应课时与操作安排
口述历史的成果展示	通过举办研究成果展示会，学生能以小组为单位，通过 PPT 的形式展示研究过程和研究成果，分享课程感悟，体验合作、分享、尊重、互惠的教育意义。	1. 学生以小组为单位，以 PPT 的形式展示研究过程和研究成果，并分享课程感悟。 2. 由师生共同组建学术委员会，根据评价方案完成课程评价，表彰优秀小组，展出优秀作品。	第 51—54 课时展示成果，分享感悟。
			第 55、56 课时完成终评，表彰优秀小组。

七、课程评价

1. 课堂表现 10%：出勤率 5%，完成组内分工 5%。

2. 过程记录 30%：完成 300 字以上的口述历史见解 5%，完成 30 分钟模拟访谈 5%，完成课题论证 5%，完成研究计划 5%，完成访谈提纲 5%，完成口述访谈 5%。

3. 成果质量 60%：录音录像 10%，逐字文稿 10%，整理文稿 10%，研究论文 20%，成果展示 10%。

注：过程记录和成果质量以小组为单位计分；课堂表现以个人计分，再折算成平均分后加入小组总分；总分达 90 分为优秀，达 75 分为良好，达 60 分为合格，60 分以下为不合格。

八、参考文献

[1] [日]佐藤正夫. 教学原理[M]. 钟启泉，译. 北京：教育科学出版社，1999.

[2] [英]保尔 · 汤普逊. 过去的声音——口述史. [M]. 覃方明，渠东，张旅平，译. 沈阳：辽宁教育出版社，2000.

[3] [美]唐纳德 · 里奇. 大家来做口述历史[M]. 王芝芝，姚力，译. 北京：当代中国出版社，2006.

[4] 李向平,魏杨波. 口述史研究方法[M]. 上海：上海人民出版社，2010.
[5] 定宜庄,汪润. 口述史读本[M]. 北京：北京大学出版社，2011.
[6] 王玉英. 当代中国口述史：为何与何为[M]. 北京：中国大百科全书出版社，2012.
[7] 杨祥银. 美国现代口述史学研究[M]. 北京：中国社会科学出版社，2016.

教学方案案例一　《模拟访谈和回放总结》

<table>
<tr><td>单元</td><td colspan="3">第三单元：口述历史的操作流程</td><td>单元课时</td><td>10</td></tr>
<tr><td>主题</td><td>模拟访谈和回放总结</td><td>总课时</td><td>8</td><td colspan="2">第 5 课时</td></tr>
<tr><td>背景分析</td><td colspan="5">学生在进入“模拟访谈”的主题之前，已经学习了口述历史的研究方法，熟悉了口述历史研究的基本流程，但是“纸上学来终觉浅”，在实践操作之前需要有一些“实战演习”的经验，才能为之后的课题研究打好基础。
“模拟访谈和回放总结”主题共有 8 个课时，学生以 3 人为一组开展活动。具体分工如下：1 人担任受访者，并对访谈提纲提出修改意见；另外 2 人共同制定访谈提纲，在采访时，1 人负责采访，另 1 人负责拍摄和记录。同组成员在完成一次采访后可以进行角色互换，体验多重角色，从而在课题实践时找到适合自己的角色或者想要挑战的角色。
在前 4 个课时中，学生先选定身边可操作的课题，比如“我的体育节”“我的军训”“我的初高中生活”等作为本次访谈的主题，再制定和修改访谈提纲，并完成 30 分钟左右的口述访谈。
在本课时中，学生回放模拟访谈录像，比照优秀访谈案例，进行组内讨论和组间讨论，师生共同总结访谈注意事项。</td></tr>
<tr><td>教学目标</td><td colspan="5">学生回放录像，提出自己的意见和建议，总结访谈的注意事项。</td></tr>
<tr><td>评价设计</td><td colspan="5">教师观察学生的课堂表现，进行口头评价，以鼓励为主。</td></tr>
<tr><td rowspan="2">学与教活动设计</td><td>时间</td><td colspan="2">教学过程设计</td><td colspan="2" rowspan="2">（备注或反思）
1. 由于学生是初次点评，教师要提醒大家回顾之前学习的内容，并在学生讨论的基础上展示</td></tr>
<tr><td>15 分钟</td><td colspan="2">一、播放视频、组内评价
1. 学生以小组为单位，播放 10 分钟左右的模拟访谈录像。
2. 组内讨论总结本组访谈的经验和教训。</td></tr>
</table>

（续表）

<table>
<tr><td rowspan="3">学与教活动设计</td><td>时间</td><td>教学过程设计</td><td rowspan="3">优秀访谈案例，引导学生总结出一次优秀的访谈需要注意的地方。
2. 可以在之后的 3 课时中进行反复多次的模拟访谈和回放总结，进一步熟悉口述访谈流程，并总结经验教训。</td></tr>
<tr><td>20 分钟</td><td>二、播放视频、组间评价
1. 由小组自荐，展示本组访谈录像片段，组内评价，每组 5 分钟。
2. 学生共同讨论，总结访谈的经验和教训。</td></tr>
<tr><td>10 分钟</td><td>三、鉴赏提高、总结升华
1. 教师播放优秀访谈录像。
2. 师生再次总结访谈注意事项。</td></tr>
<tr><td>备注</td><td colspan="3"></td></tr>
</table>

教学方案案例二
《确定研究主题，进行开题论证》

<table>
<tr><td>单元</td><td colspan="3">第三单元：口述历史的课题实践</td><td>单元课时</td><td>18</td></tr>
<tr><td>主题</td><td>确定研究主题，进行开题论证</td><td>总课时</td><td>4</td><td colspan="2">第 3 课时</td></tr>
<tr><td>背景分析</td><td colspan="5">经过前一阶段的学习，学生已了解口述历史的基本理论，熟悉口述历史的研究方法，从本单元起进入实战阶段。一个好的主题是研究能否顺利开展的关键。“万事开头难”，主题的选定不是一件简单的事，选题时考虑得不够周全，有可能导致研究无法正常开展。所以，在学生初步确定研究主题后，要撰写开题报告，进行开题论证，经过充分论证的课题成功率较高。
本主题共有四个课时，在前两个课时中，学生已经组建了研究小组，确定好分工，撰写了开题报告，并将开题报告提前交到了学术委员会的手中。所以本课时的主要任务是开题论证，并根据建议修改开题报告，为接下来的研究做准备。</td></tr>
<tr><td>教学目标</td><td colspan="5">1. 学生能根据要求阐述自己小组的开题报告。
2. 学生委员会的成员在开题论证时能根据所学知识给出合理的建议。
3. 学生能根据学术委员会给出的建议修改自己的开题报告。</td></tr>
<tr><td>评价设计</td><td colspan="5">1. 根据《口述历史开题论证评估表》评价小组开题报告。
2. 教师通过课堂观察，口头点评学生和学术委员会的表现。</td></tr>
<tr><td rowspan="2">学与教活动设计</td><td>时间</td><td colspan="2">教学过程设计</td><td colspan="2" rowspan="2">（备注或反思）
1. 开题论证前的准备工作要做好。比如学生要提前一周将开题报告交至学术委员会的手中。再如教师要对学术</td></tr>
<tr><td>10</td><td colspan="2">一、阐述报告
1. 先由两个研究小组的成员根据要求依次阐述各自的开题报告，每个小组限时 5 分钟。</td></tr>
</table>

（续表）

<table>
<tr><td rowspan="4">学与教活动设计</td><td>时间</td><td>教学过程设计</td><td rowspan="4">委员会进行前期培训。学生要观看开题论证的视频资料，了解论证流程和注意事项。
2. 学生第一次参加开题论证，难免紧张。教师要多鼓励，委婉地提出自己的建议，照顾学生的情绪。</td></tr>
<tr><td>20</td><td>二、给出建议
1. 学术委员会依次对两个开题报告提出建议和问题。
2. 小组成员讨论如何回答学术委员会提出的问题。</td></tr>
<tr><td>10</td><td>回答问题
1. 小组成员回答学术委员会提出的问题。
2. 学术委员会再次点评。</td></tr>
<tr><td>5</td><td>总结升华
1. 教师总体点评，总结升华。
2. 本次开题论证的小组进行组内讨论，修改开题报告。
3. 未轮到的小组吸取经验教训，为下节课的开题论证作好准备。</td></tr>
<tr><td>备注</td><td colspan="3"></td></tr>
</table>

口述历史教学：在体悟中追寻人的生成

——以“抗疫口述史”项目为例

张雪亚

雅思贝尔斯说：“只有不让遥远的地平线从视界中消失，我们的脚才能迈出有意义的一步。”我们在埋头赶路的同时，也要仰望星空，不断追问教育的本质。

“为人的生成”的教育就是省锡中“体悟教学”所追寻的教育目标：成全学生为一个人格健全而优秀的人，从而获得人生的意义。成全老师为一个人格健全而优秀的人，从而提升人生的意义，师生共同成长，“由一棵树摇动另一棵树，一朵云推动另一朵云，一个灵魂唤醒另一个灵魂”。

2020年的春节，一场猝不及防的疫情改变了每个人的生活。武汉封城的第二天，我收到了一封邮件，是口述历史课程班的学生自发写的一封“倡议书”：“亲爱的同学们，因为新冠肺炎疫情的蔓延，我们每个人都被卷入其中。在我们的身边，每天都发生着很多的‘抗疫故事’，它们是如此真切和鲜活，请你把它记录下来。若干年后，这将成为一份‘今生今世的证据’，也将成为一段值得铭记和警醒的历史……”

看着手边尚未发出的“抗疫记录征文启事”，我是欣慰的。在这个瞬间，我不仅感受到了学生学习的主动性，更感受到了他们善良的品质。

体悟教学，简而言之，就是在教学中通过一定的策略和方法，把自己已有的经验和当前的学习活动结合起来，使学生在教学过程中有所体验、有所感受、有所领悟。

口述历史教学就是这样的体悟教学。学生在了解口述历史的基本理论和主要流程后，需要不断地实践：先选定一个课题，接着搜集资料、寻找受访者、确定访谈提纲、开始口述访谈、整理访谈资料，最后完成课题研究。

在一次次的历练中，他们“以身体之，以心验之”，不断地总结经验教训，完善做口述历史的方法，锻炼各方面的能力，体验个体的人生经历，培养历史使命感和公民责任感。

口述历史记录的是身边的历史，是学生感兴趣的历史，不论是这次的“抗疫”记录，还是以前的“苏南模式的形成与发展研究”“改革开放30年以来无锡物质生活的变迁”“听长辈们讲故事”等等，这些选题都是由学生讨论后自己提出，是学生感兴趣的话题，能让学生实实在在地加入教学活动，从“要他们学”到“他们要学”。仅“听长辈们讲故事”这一个主题，就生成了一本六十多万字的《一所高中的学生“史记”》，有写家族迁徙的，有写祖父职业变更的，有写爷爷、奶奶的幸福婚姻的，有以小见大写自家户口簿的……我们给学生信任和机会，他们总能回报我们莫大的惊喜。

在收到“倡议书”后，我直接在课程QQ群中开启了“云教学”。

学生们开始第一阶段的自由讨论：我们身边有没有适合采访的对象？这些采访对象能不能分类？采访同类对象的同学能不能采用小组合作的方式？在这个特殊的时期，用什么样的方式访谈比较合适？很快，大家就整理出了几类采访对象：“宅”家抗疫的同学、滞留疫区的同学、隔离观察的对象、一线医护人员、防疫工作人员等等，并分好了研究小组。特殊时期，大家对“云采访”的模式也达成了共识。

接着开始第二阶段的小组讨论：同类型的采访对象能提哪些共性问题？是否可以先做一个案例供大家探讨？以下是访谈提纲和同组学生的点评。学生互评给了大家思维碰撞的空间，访谈提纲也得到了进一步的完善，并给同组学生提供了有效的参考。

问题1：黄同学，首先感谢你接受我的采访，本次采访想请你谈谈在湖北荆州老家的学习和生活情况。

（学生点评1：打招呼，开门见山。）

问题2：能跟我说说你为什么会滞留荆州？

问题3：得知只能留在荆州的时候，你和家人有何想法？

问题4：你说自己在滞留荆州期间最担心的是学业问题，这个问题是怎么解决的？

问题5：你能说说对“匡园云校”的上课感受吗？有没有印象特别深刻的事情？

问题6：在荆州期间，你和家人的生活有什么变化？能描述一下具体的情况吗?

问题7：面对这样一个特殊的“抗疫”假期，你有何感受呢?

（学生点评2：问题2—7主要为开放性问题，让受访者有话可说。）

（学生点评3：中间可以根据受访者的回答情况，随机应变，追问细节。）

问题8：谢谢黄同学，我们期待匡园再见！如有补充，可以再次联系。

（学生点评4：表示感谢，提出愿景，不忘强调后续访谈的可能。）

（学生点评5：别忘了强调物证的收集，这可是非常重要的证据。）

在进入正式访谈之后，小组合作的优势进一步发挥出来。有的同学联系受访者被拒，有的同学在访谈前紧张焦虑、有的同学碰到了技术难题，组内的成员可以互相帮助。有心细的小组列出了“访谈前注意事项表”，包括背景资料的充实、访谈工具的准备、自我心理的调节……完成访谈的同学跟大家分享经验，这些比我所授更为详细，也更为实用。他们在亲历中逐渐学会了做口述史的方法，他们在完成一个个心智挑战中，不断积累一个又一个“领悟”，这就是建立在学生已有经验基础之上而发展出来的智慧啊!

邱同学的父亲是一名医生，也是一名老党员，他主动报名参加了抗疫。白天，他在医院正常上班，晚上，他还要负责无锡高速公路西出口的体温检测工作，每天拦下几百人，近距离仔细测量体温。邱同学问过父亲：“如此危险的工作，你明明可以选择放弃，为什么依旧参加抗疫?”父亲答道：“这是一个医生最基本的责任。”听到这里，邱同学感到非常自豪，并决定保障好自己的生活，让父亲没有后顾之忧。

口述访谈是采访者和受访者共同完成的作品，在这个过程中，学生将所见所闻沁入情感，将所感所思录成文字，这是情感共鸣的一次升华。塞涅卡说：“要让真正的幸福建立在美德之上。”我们的教育应该让受教育者拥有正义、仁慈的精神底色，崇尚美德，修身养性，有责任，有教养，以高贵的精神赢得社会地位。这样润物细无声的访谈传承的正是这份精神的力量。

教师角色是教育绕不开的话题，一个人格健全而优秀的教师才能唤醒另一个优秀的灵魂。在口述历史课程中，一切都是从无到有，从课程的设计，到教材的编写、活动的开展，教师只是先行一步的“学生”、学习体验的分享者。在民主的氛围中，师生平等对话，进行思想的碰撞和心灵的交流，共同推进课程的完善。这样的良性关系，给了师生努力发展自己的机会，这才是体悟教学追寻的价值所在。

口述历史教学:人性化达成学科核心素养

张雪亚　倪　仲

【关键词】 口述史、校本课程、中学历史教学、历史学科核心素养

随着我国课程改革的不断深入发展，教育部明确提出要发展学生的核心素养。在基础教育阶段落实学科素养，需要借助具体的学科。历史学科核心素养是基础教育阶段的学生在历史学科学习和实践活动中养成的，能适应其未来发展和社会发展所必备的学科知识、学科思维方法、学科思维品质和学科关键技能，具体而言包含唯物史观、时空观念、史料实证、历史解释和家国情怀五大核心素养。① 新一轮课程改革能否成功，关键要看学科素养目标能否达成，这成为历史教师需要思考和解决的难题。

笔者在自身实践中，尝试了口述历史教学，这是达成历史学科核心素养的一个有效途径。口述历史教学大致可以分为两类，一是引用口述史料进行历史课堂教学；二是运用口述历史的研究方法进行探究性学习。本文试从这两个方面来进行探讨如何落实历史学科核心素养的培养目标。

一、从口述史料在中学历史教学中的运用谈历史学科核心素养的达成

英国学者路易斯·斯塔尔认为，“口述历史是通过有准备、以录音机为

---

① 徐蓝:《谈谈研制高中历史课程标准的一些体会》,《历史教学》(上半月刊)2016 年第 12 期,第 15 页。

工具的采访，记述人们口述所得的具有保存价值和迄今尚未得到的原始史料”①。口述史料与其他类型的史料相比，更为有血有肉。亲历者的现身说法能生动地叙述过去，还原历史现场，让学生身临其境，比冷冰冰的文献记载多了几分温情，拉近了学生和历史的距离，也提升了课堂的实效性。我们在历史课堂教学中可以围绕课程标准，明确素养目标，精选口述史料，建构历史情境，探究历史问题，从而解释历史，形成正确的价值观。

例如，笔者在进行《抗日战争》的教学时，运用了崔永元的《我的抗战》一书中的诸多口述史料，包括共产党员、国民党员、普通民众等亲历者的口述凭证，让学生探究抗战胜利的根本原因，正是全民族的抗战使我们取得了第一次反对帝国主义斗争的完全胜利。学生从中体会团结的民族精神，形成国家历史认同。

在历史课堂中，教师还可以运用口述史料和其他类型的史料进行互证，通过对多种史料的辨析，判断史料的真伪和价值，逐渐养成“孤证不立、多重印证”的实证精神，并提取有效信息，获得可靠证据，据此来解释历史，提出自己的历史认识。

例如，笔者在进行西安事变相关史实的教学时，就运用了唐德刚的《张学良口述历史》中的口述凭证、张学良的《西安事变忏悔录》以及《中国近代史纲》中的文献记载等多种类型的史料，让学生归纳它们对西安事变这一历史事件的不同表述，引导学生从材料出现的背景、史料作者的意图等方面分析原因，找到影响史料真实性的主客观因素，从而培养学生的历史实证意识。

二、从口述历史研究方法在中学历史教学中的实践谈历史学科核心素养的达成

运用口述历史的研究方法进行探究性学习，学生能全程参与课题的确立、背景资料的搜集、口述访谈的执行、口述资料的整理、后期的应用评估。学生像历史学家一样做口述历史，在深刻探究的过程中收获学科基本知识、习得学科关键技能。最为关键的是，这是一门“人性化”的课程，学

① Louis Starr，“Oral History”，in David K. Dunaway and Willa K. Baum eds. Oral History：An Interdisciplinary Anthology，p. 40.

生作为探究活动的主体，在潜移默化中养成历史学科核心素养，彰显基础教育“人性”的本质。

非常幸运的是，笔者依托锡山高中人文课程基地的平台，得以突破历史课堂的时空限制，专门开设了《大家来做口述史》校本课程，口述历史研究方法有了真正的用武之地。下面就以吴雨琪同学的《我家的户口簿》口述历史课题为例，具体来谈一谈。

吴同学是一位90后，“户口”这个词对她来说挺陌生。户口和上学之间的关系引发了她对“户口”的兴趣。于是她以“我家的户口簿”为主题，采访了老中青三代家庭成员，从自家的户口变迁(身边的历史)来追寻近半个世纪苏南农村的变革。

吴同学针对这个课题自主搜集了大量的背景资料，包括“户口”的来历、“户口”的功能、“户口”发展的历史等，在此基础上选择了三个典型时期的样本——20世纪六七十年代爷爷和奶奶的户口、20世纪八九十年代爸爸和妈妈的户口、21世纪堂哥的户口，将其置于历史的时空背景中，折射当时农村的社会生活。我们通过特定的时间和空间来认识特定历史事件的历史意义，培养学生的时空观念。

吴同学在收集资料的过程中，进一步了解到“两元制”户口管理制度背后的特殊国情，继而理解了它存在的合理性。这个过程其实就是史料实证和历史解释的过程，学生从历史表象中发现问题，通过对史料的搜集和分析，对历史事物之间的因果关系作出解释，从而得出与历史研究相近的结论。

吴同学在完成自己口述历史课题的同时，通过历史与现实的对话，找寻历史发展的逻辑，透过表象看到历史发展的本质，形成认识历史的思维方法和正确的历史价值观，在不知不觉中提升了历史学科的五大核心素养：唯物史观、时空观念、史料实证、历史解释、家国情怀。

诚然，基础教育阶段的核心素养的达成要依托各个学科，但核心素养本身具有跨学科性的特点，而口述历史本身也具有“跨学科性”的特点。从某种程度上来说，它几乎包含了全部的社会科学。因此，学生在做口述历史的过程中，也在进行各项能力的全方位训练，包括语言能力、交际能力、合作能力、组织能力、调查能力、技术能力等。这些都指向形成全面发展的人这个目标，是新时代学生适应个人终身发展和社会发展的必备品格和关键能力。

三、中学口述历史教学的实践反思

不管是口述历史教学的哪一种类型，我们在搜集和运用口述史料时都需要注意，口述史料既有原始性和生动性的优点，又具有一定的主观性，这是由亲历者自身年龄、记忆、素养和立场等因素所决定的。所以，我们要精选口述史料，要看其是否符合史学的基本原则，是否与文献史料相互佐证等。这样才能使得生动形象的口述史料在历史教学中发挥其应有的作用。

校本课程是一个很好的平台，但中学生做口述史时还是会受到一定的时空限制，所以我们一方面要尽可能地寻求学校、家庭、社会的支持，比如可以与学校的社区活动和社会实践相结合，可以采访颐养院的老人等；另一方面在做选题时，尽量以家族史、校史、地方史、社区史等为主题，这样比较容易找到受访人，所受的时空限制也较小，更有利于研究的展开。

最后，我们要做到教、学、评的统一，有基于素养目标的教学，也一定要有基于素养目标的评价，要以评价来促进学习。所以，我们在口述历史校本课程的评价设计中也注意了这一点。